吴大羽研究

黄文中 著

厦门大学出版社

本书承蒙以下项目资助

泉州市优秀人才培养专项经费
泉州师范学院学科建设经费
泉州师范学院桐江学术丛书

序 言

张祖英（中国艺术研究院研究员、中国油画学会副主席）

翻阅刚刚收到的黄文中新作——《吴大羽研究》，倍感关切，其作为一位年青的学者，以执着的信念、锲而不舍的精神对吴大羽的艺术及人生道路多方采集，深入研究，使我甚为感慨。

吴大羽先生曾任杭州国立艺术院西画系主任，作为中国卓有成就的第一代油画家和教育家，曾被称之为杭州国立艺术院的一面旗帜。然而由于当时的社会思潮和文艺政策的偏颇，以及由于人所共知的一些原因，他受到不公正的对待，长期被社会埋没，除了有些南方前辈画家尚能留存记忆外，相当时间内几乎无人问及，实为艺术界的奇事。甚至当吴大羽先生愿意把部分作品向原单位捐赠时，单位领导还以没有地方存放为由而予以婉拒。这就充分体现了当时艺术行政机构的文化趋向和艺术理念，以至于被吴冠中先生称之为"吴大羽现象"。

然而，历史毕竟是公正的，对于为国家文化艺术发展有过贡献与成就的先辈，随时代的变化与人们视野的开拓，终究会被拂去尘埃，重现艺术光辉。十余年来，通过民间学术团体和各方人士的关注,艺术界众多人士的发掘及推广,包括一些年青学者的追寻考察,吴大羽先生的艺术得以重现风采。他的学术思想和教育理念以及艰辛的人生经历,逐步为大众所了解而得到重新认识和重视。

据我所了解,近几年来正是有以下几项重要活动逐步改变上述现象。1996年台湾大未来画廊做了一件十分有意义的事,他们从吴大羽亲属处收藏了一批"文革"前后创作的小型作品,并在台北举办了吴大羽师生展(即吴大羽与三位已具成名的当年学生朱德群、赵无极及吴冠中),出版了画册,并由吴冠中写了前言:《吴大羽——被遗忘、被发现的星》。消息陆续传到国内,台北大未来画廊的代表到北京找到我,希望我能帮助在北京举办一个关于吴大羽先生的学术讨论会。经过短暂的筹备,中国油画学会与台北大未来画廊在北京国际艺苑联合举办"吴大羽先生学术研讨会",邀请了油画界二十余位专家学者。研讨会的摘要编入中国油画学会通讯,并由影响颇大的《中国油画》杂志刊登,逐渐在国内产生回响和关注。2000年,为梳理中国油画百年的历史进程,中国油画学会在组织编辑20世纪中国油画大型画册和策划中国油画百年展的工作时,我当时正在负责实施此项工作,深感吴大羽这位前辈的成就与贡献理应占有重要份量,但鉴于当时的条件,寻遍各个单位,却难搜集到他的具体作品和史料。所以尽管我们把他的作品编入画册和参加展览,但深感业内对吴大羽缺乏全面了解而成为

序言

中国油画史研究的缺项。之后，2003年，在吴大羽百年诞辰之际，由上海文化部门举行了吴大羽的艺术回顾展，朱德群、赵无极、闵希文以及邵大箴都发表了纪念文章。虽由此吴大羽先生的艺术评价在比较广泛的场合传开，对吴大羽先生艺术的认识、了解和评价有所改观，但也还仅仅是作品发表和片段的介绍，显然对这样一位油画界的重要历史人物来说仍是不够的。

在上述情况下，也就在2003年，当时年轻的黄文中正作为中国艺术研究院美术研究所的硕士研究生，正在为硕士论文确定选题而努力，而我又恰是他的导师。由此，我建议他可把吴大羽艺术和人生经历与中国油画发展状况，特别是现代艺术探索的艰辛历程结合来进行深入的专题研究，这不但有现实需要，还具有重要的学术意义。虽因历史原因和现成资料及研究者较少而有难度，所幸的是时代还近，尚可挖掘的活材料较多，特别是可提供材料的同时代人士有些还健在，且做好了也能对中国早期油画研究产生多方面的影响，进而做出开创性的成果。功夫不负有心人，经过不懈的努力，黄文中不畏艰辛跑遍长江三角洲，包括上海、杭州、南京各处有关吴大羽活动地域，寻访相关学术界人士，挖掘了大量资料，其中有不少闻所未闻的第一手珍贵史料。这些研究成果使他成为中国艺术界首位吴大羽个案研究者，并成为吴大羽研究中卓有成绩的重要学者，其论文亦以优异成绩通过并公开发表。

而这次出版黄文中的新作《吴大羽研究》，则是在上述成果的基础上，将之后陆续新发现的各方面的研究成果，特别是家属亲友提供的实物资料，包括其他一些相关出版物，结合新的历史认识，以更开阔的视野和心志，进行更深入的思考和研究。本书从吴大羽生平，吴大羽的漫画、油画作品、书法及纸上作品，吴大羽的艺术教育思想、艺术创作思想，特别是吴大羽之所以被长期埋没的主客观原因，以及重新发现吴大羽的意义和他在中国油画发展中的位置等诸多方面，进行多角度论述。无疑将对中国油画发展进程中的各种艺术思想的交流、发展脉络等提供更多、更全面、更客观的思考。

我相信随着社会的发展和艺术观念的开拓，中国年轻一代学者会以更宽容、更自由的方式，以更高的标准探讨学术问题，使"吴大羽现象"不再重现，给历史以公正评介，以利中国当代文化事业健康发展。

2015 年 5 月于北京

目 录

导 言 | 001

第一章 吴大羽的生平 | 005

一、启蒙教育（1903—1921） 006
二、负笈欧洲（1922—1927） 009
三、艺专十年（1928—1937） 015
四、流离年代（1937—1946） 024
五、自落低微（1947—1976） 029
六、夕阳无限（1977—1988） 037

第二章 吴大羽漫画作品 | 045

一、从内容的角度看吴大羽漫画作品 050
二、从形式的角度看吴大羽的漫画作品 059
三、吴大羽漫画作品与早期的学艺经历 064
四、重新发现吴大羽漫画的价值 066

第三章 吴大羽油画作品 | 073

一、艺术分期 082
二、艺术风格 116
三、艺术风格的成因 140

第四章　吴大羽书法与纸上作品　　|　149
一、书法作品　　　　　　　　　　　150
二、纸上作品　　　　　　　　　　　158

第五章　吴大羽艺术教育思想　　　|　181
一、艺术教育经历　　　　　　　　　182
二、艺术教育思想内涵　　　　　　　184
三、艺术教育魅力　　　　　　　　　188
四、艺术教育思想的当下启示　　　　198

第六章　吴大羽艺术创作思想　　　|　205
一、艺术经历与创作思想的形成　　　206
二、艺术创作思想的本质　　　　　　218
三、吴大羽艺术创作思想的价值　　　230

第七章　长期被埋没的吴大羽　　　|　237
一、长期被埋没的吴大羽　　　　　　238
二、长期被埋没的原因　　　　　　　245
三、从长期被埋没的吴大羽看新派画在中国的命运　　252

第八章　重新发现吴大羽的价值 | 261

一、重新发现吴大羽　262
二、中国现代艺术史上的吴大羽　271

附　录 | 293

附录一：吴大羽年表　294
附录二：吴大羽致吴冠中、朱德群信件　307
附录三：吴大羽写给教育部马叙伦的信　310
附录四：海夫纳代表访吴大羽　313
附录五：吴大羽教授追悼会悼词　315

参考文献 | 318

后　记 | 325

导 言

吴大羽（1903—1988），中国第一代著名油画家、教育家，曾任第四届中国美术家协会顾问、首任杭州国立艺术院西画系主任、上海画院副院长等职。风格上，从早期留学巴黎时的"表现性的写实风格"，到中期"写意风格"，再到晚期"抽象风格"，吴大羽的艺术生动地演绎了"力立、速定、势住、彩变"的艺术主张，代表着中西艺术融合的最新成果，无愧于"中国新派绘画宗师"之称谓。思想上，追求现代主义艺术精神及中西融合的艺术道路，强调艺术的创造性、独立性、时代性及人类艺术的相通性，并创造性地提出"势象"与"彩韵"等美学概念。这些艺术观念从他的赴法求学阶段一直贯穿到他的晚年，并不曾因为动荡的时局及特殊的政治环境而发生丝毫的改变。教育上，思想超凡，循循善诱，培养了赵无极、朱德群、吴冠中等许多当代艺术名家，被誉为杭州国立艺专的一面旗帜。但由于种种原因，长期以来被历史所埋没。对此，吴冠中先生数次刊发文章，并将之称为"吴大羽现象"。

作为新派画的拓荒者，吴大羽的油画与新派画的命运紧紧联系在一起。以历史的眼光看，活跃在20世纪20—30年代中国画坛的油画家并没有多少人坚持走新派画这条艺术道路，而吴大羽却在这条认定的道路上独持己见、孤独前行，这在20世纪的中国可以说是无出其右。他的作品是在其过世之后为人们逐渐发现的，这些作品的价值也随着时间的推移逐渐显现出来，进而改变人们对现代艺术发展历程的认识。同时，这种现象也应该引起我们的反思：为什么这样有特色、有成就的画家，没有更早引起我们的重视和研究？进而言之，除吴大羽外还有没有别的重要画家被历史所埋没？此外，历经百余年的学习，中国油画已经出现了"重心的转移"，即"重点由向西方学习为主的阶段转向自我创造的阶段"，并着手"建构油画艺术的中国学派"及"中国油画的自我评价体系"。面对这一学术命题，吴大羽的油画艺术可以给我们更多的思考与启示。

目前对吴大羽研究主要集中于以下几个方面：

一、对其生平进行概述。此类文章较多，且多为吴大羽学生及亲属所写。如朱德群《忆吴大羽先生》、曹增明《师生之间是道义关系——我的老师吴大羽》、刘江《回忆在吴大羽工作室学习的两年》、闵希文《心灵的彻悟——忆中国油画第一代垦荒者吴大羽》、吴崇兰《无画的画家——我的小叔吴大羽》、吴冠中《吴大羽老照片》等。

二、围绕其某个阶段的油画作品进行论述。如聂危谷《未能忘却的纪念——抽象油画家吴大羽逝世20周年祭》，便着眼于吴大羽后期抽象化的艺术作品，进而指出其存在意义与价值："他以生命余热孕育的晚期油画，并不仅是形式变革，而是通过恣肆汪洋的表现方式，追逐心灵自由和人格象征的理想之境，从而创造出渗透着人文情怀的抽象绘画。"此类文章尚有顾跃《飞光嚼彩韵 势象显峥嵘——论吴大羽的艺术》等。

三、对长期被埋没的吴大羽进行重新肯定，并提出"吴大羽现象"这一学术命题。如吴冠中《吴大羽现象》及《吴大羽——被遗忘、被发现的星》，邵大箴《背负艺术十字架的人——纪念吴大羽先生》，大未来画廊整理《把他摆回应得的地位——赵无极访谈录》等文章。此类文章虽然并不多，但对确立吴大羽在中国现代油画史的学术地位起到至关重要的作用。

四、出版吴大羽的作品集。2000年以来，中国大陆出版了两部吴大羽个人专集：一为上海油画雕塑院编《吴大羽》，另一为上海市美术家协会编《海派百年代表画家系列作品集·吴大羽》。此外，大部分的画集都为台湾大未来画廊出版。这些画集的出版，使得人们不仅对吴大羽有了更直观的视觉认识，而且是对其深入研究的重要图像依据。

综上所述，对吴大羽的个案研究近年有了一定程度的推进，但大多研究文章要么站在回忆与纪念的角度，虽有一定的史料价值，但对构筑吴大羽的艺术生涯却十分有限；此外，对其生平的重要阶段尚缺乏必要的史料考证。要么站在评价与欣赏的角度，对吴大羽中后期油画作品及其艺术思想、人生历程等方面有一定程度的论述，但尚缺乏一定的学术深度。因此，对吴大羽的研究还处于初始阶段，仍然停留在感性回忆和史料收集的层面上，有待整体的提升与推进。

本专著在掌握第一手资料的基础上，从各个角度（生平、艺术风格、艺术教育、艺术创作思想、长期被埋没的原因、在中国现代艺术史的地位与价值等）入手，尽可能对有关吴大羽的生平资料及遗存作品做一全面的搜集、考证与整理。在此基础上凝练出研究的切入点，探寻其作品风格之形成及艺术魅力之所在。同时，结合吴大羽生平及作品分析其艺术创作思想及教育思想，并以历史的眼光将其置于那一特定的历史年代，探讨个体与社会之关系，试图由其人而认识其艺术，进而加深对其人之认识。小中见大、以点带面，避免人云亦云或泛泛而谈的毛病，使对吴大羽的研究有更扎实的推进。

因此，本专著的出版将填补中国现代绘画史的一段空白。

第一章

吴大羽的生平

历史的记忆是恍惚的,逝去的永远地逝去。

虽然尽可能走访了吴大羽曾经生活、工作过的地方,接触其生前交往密切的人(包括其子女),但对他的认识依然是模糊的,即使是吴氏周边尚健在的人所提供的情况也只能是破碎式的片段。于此,我们的叙述只能是综合多人的回忆及有限资料的补证。

一、启蒙教育(1903—1921)

1903年11月23日(光绪二十九年),吴大羽出生在宜兴县城的一条叫茶局巷的巷内。[1]家中兄弟姐妹众多,在众多的兄妹中他的年龄最小,排行老十[2],因此倍受家人的疼爱。这是一个中国传统式的大家族,家学渊源深厚。其祖父吴梅溪曾是县里的私塾先生,十分重视家庭的文化教育。吴家为江南乡绅,家道殷实,有祖遗业田三百多亩及商铺住宅数间,因此犯不着为了生活奔波劳累。那时,宜兴还没有新式学校出现[3],充当吴大羽启蒙老师角色的是他的大哥(吴子政),系晚清秀才,其古文功底在县里是出了名的,曾有所大学慕名聘请他为教授。在大哥严格要求下,从小学文习字的吴大羽在古典文学与书法方面打下了非常坚实的基础,我们可以从其遗留的书信中窥见一斑。美丽富饶的水乡与家庭的熏陶,孕育了吴大羽的艺术天性。他谈道:"我幼年七八岁时

第一章 吴大羽的生平

少年时代的吴大羽

自己就喜欢画画。徐悲鸿的父亲当时是我的祖父的学生,他会画画,人物、风景、静物,几乎什么都画。他不时背着挎包,里面装着画具、画笔到我们家来,我那时还小,看到这些画既好奇,又高兴……这样,我对美术就慢慢有了兴趣"[4];"我家里都是读书人,收藏了几十幅古人的画。我小时候就接触中国画了。我母亲在鞋上、枕上描图绣花,我就站在旁边看着。"[5]

15岁那年,他按着自己的意愿到了上海,师从"辛亥革命前上海最有影响的西画家之一"[6]张聿光先生学画。一说学习国画[7],一说学习西画[8]。张聿光(1885—1968),早期投身于舞台美术设计与西画教育,中后期致力于中国画创作,能中西结合,故名其画室为"治欧斋"。1918年,张聿光时年33周岁,正当壮年,除了授徒及自己的艺术创作外,仍坚持学习。[9]作为"洋画运动"的中心,此时的上海已有周湘创办的中华美术专门学校与中西图画函授学堂及刘海粟为校长的上海图画美术院等中国早期专门的美术学校;此外,在美术社团方面,在上海出现了"国内最早的一个西画研究团体"[10]——"东方画会","这些年轻画家试图以画会的

007

民国十年春季《申报》馆编辑同人摄影（后排左一为吴大羽）

形式，来共同研究和促进西画运动。"[11]正是在这一艺术氛围及名师指导下，1920年，年仅17岁的吴大羽依靠绘画的功底在当时上海三份大报之一——《申报》担任美术编辑，定时或不定时地发表短文、诗篇及漫画。[12]在两年多的工作中，吴大羽用"待"或"吴待"的笔名发表了五六十幅漫画作品，显露出他敏锐的思维与不凡的艺术表现力。遗憾的是，我们始终没有找到其在《申报》发表的短文和诗篇。

从时间来看，1918年至1922年夏，在上海的这段时期，对吴大羽来说是至关重要的。虽然只是短短的四年时间，却在艺术的启蒙上迈开了重要的一步，大大开拓了他的眼界与思路，并促使他对今后的人生道路再次做出了重要的选择——从中国的文化艺术中心跳到世界艺术中心。幸运的是，在全家的支持下，他的这一理想又能马上付诸实践。变卖了家族留给他的财产作为留法的费用，学习语言笨拙的他，没能讲几句法语就出国了。用他儿子的话讲，他的胆子真大！

二、负笈欧洲（1922—1927）

20世纪初的中国正处于中西文化相冲撞、交融的激荡年代，特别是在新文化运动的启蒙下，具有进步思想和革新抱负的知识分子，则以一种拓荒播种、救亡图存的使命感学习和引进西方文化。

正是在此背景下，"这位性格倔强、充满激情的青年，很快被当时一般出国求变的热潮鼓舞，于是在友人的协助下，办好了去法国留学的手续，告别了十里洋场的上海。"[13]1922年夏秋之交，吴大羽搭乘法国油轮，来到了时人梦寐以求的艺术天堂——巴黎。先学了半年法语，1923年考入法国最高艺术学府——巴黎国立高等美术学院，师从鲁勒（Prof.Rouge）及布尔代勒（Bourdelle），学习油画与雕塑。此时的巴黎是名副其实的艺术黄金时期，经过塞尚、凡高、高更等后印象派的洗礼，就连野兽派、立体派、未来派、巴黎画派也不再是什么新鲜的事物，人们的艺术视野空前开阔，艺术创作空前活跃。往昔高贵的古典艺术遭受到前所未有的冷遇，即使在学院里也无

青年照片(20世纪20年代末)

可避免。在这种艺术氛围下,从小就有独立见解的吴大羽注定不会拘泥于学院派常规,而是充分利用一切积极有利的条件来尝试与学习尚在发展变化中的现代派艺术。在后来的回忆中,他说道:"当时巴黎对学院派不感兴趣,我后来就自学,想多学点东西。到研究室去画人体、风景、静物,也学雕塑。"[14]"我还经常到博物馆去看,博物馆就是'先生'。我只是看看,不临摹。临摹只重技法,往往把感觉忽略了。当然,也要看它如何制作的。还要看理论,重理论的学习。"[15]"当时在学习中,对印象派后的东西有兴趣,因印象派以前的艺术已经有人总结了,而印象派后还在发展中。要使自己的艺术处在游离状态,不断地变化发展,我崇尚毕加索、马蒂斯,他们不断地在创造,他们也决不喜欢停留在他们的水平上,他们是后来者前进的踏脚板。"[16]

吴大羽所说的研究室,"吴冠中曾描述:'巴黎那所知名度极高的大茅屋画馆(Giade Chaumiceie),是一家私人办的业余美术学校。全世界来巴黎学艺的、冒险的艺术家,同法国贫穷的艺术家在此一同工作,有白发苍苍的老头,有衣着怪异的少女,肤色各异,讲着各种腔调的法语。佛里兹(Friesz)、布尔特尔(Bourdelle)、杰克梅蒂(Giacometti)、札甘纳(Eadkine)等等许多知名艺术家都曾在此任教或工作过,常玉、吴大羽、庞熏琹等我国前辈留法画家们也都经常出入此门庭老屋。'"[17]上述所提艺术家"布尔特尔"即"布尔代勒",是吴大羽赴法学习的雕塑老师。作为艺术中心的巴黎,许多世界各国慕名而来的艺术家都聚集于蒙巴纳斯区(Montparnasse)。蒙巴纳斯区内的一些咖啡馆正是巴黎画派和学院派艺术家各自聚会的地方,因此,蒙巴纳斯区可以说是当时世界艺术中心的中心。大茅屋画馆就位于此区域,后来留法的秦宣夫、赵无极、吴冠中、朱德群等中国艺术家相继来此习画,无怪乎中国国家博物馆顾跃在《飞光嚼采韵 势象显峥嵘——论吴大羽的艺术》一文中说:"如果说上海'土山湾画馆'是中国近代西画启蒙的摇篮,那么巴黎的'大茅屋画院'就是20世纪中国学习现代艺术的发源地,甚至可以说是西方现代艺术的人才输出中心。"[18]在研究室,吴大羽进行了绘画与雕塑的学习,至于他怎么学及老师怎么教,我们尚未发现这方面资料的直接记载,但从迟他三年赴法留学且也在大茅屋画馆学习过的庞熏琹的学画自述,也可从侧面了解到吴大羽在大茅屋画馆的求学情况:"不管你是什么人,买了门票就能进去,门票是金属的,就像我们今天用的二分硬币,你可以买一个月,也可以只买当天的。画室并不大,但可以容纳一百多人,对窗靠墙是模特儿台,对着模特儿台,有四排座位,分别是小矮凳、高一点的矮凳、普通高的凳、比较高的凳子,每排用木制横档隔开,最后一排站着画,用高画架。窗下可以分上中下站三排人,这里就只能用速写本而不能画大张速写。初来学速写的人一般都站在后面,有些来看看的,一般都是慕名而来,工作室内的气氛热烈而又严肃。开始第一小时是一小时画一张,第二小时画四张,以后每五分钟换一个动作,就是

中国美术展览会留影(后排右四为吴大羽)

每五分钟最少画一张。"[19]正是这异常活跃的艺术氛围及相对宽松的训练环境,使吴大羽在留学期间便已站在艺术发展的最前沿,并且意识到"艺术感觉"与"艺术创造"的重要性。

留学期间,除了刻苦与主动地进行学习外,吴大羽还积极地参与组织艺术团体及相关展览,这为他日后从事发展埋下了某种契机。如1924年1月27日,吴大羽与同为赴法留学生林风眠、林文铮、李金发、曾以鲁等组织了在该国的第一个以研究新艺术为宗旨的学术团体"霍普斯学会"(希腊文Phoebus,次年更名为"海外艺术运动社"),并发表宣言:"艺术是神圣、尊严的;艺术应该独立、自由,不要沦为宗教、政治的奴仆",[20]抱定为国人创造有生命的艺术作品之信念。为此,《申报》专门对这一事件刊出了题为《留法艺术界新组织团体讯》的报道:

> 近年来我国赴欧研究艺术者甚多,而以法国为最,仅以巴黎、里昂计算,已有二十余人。闻在巴黎之刘既漂、林风眠、林文铮、王工、曾以鲁、唐隽、李淑良、吴待等,发起一艺术研究会,以研究和介绍艺术为宗旨。中国留法研究艺术者,向无具体之组织,该会所具旨愿庞大,想将来对于中国艺术前途,当有莫大之贡献。闻该会于本月一月二十七号在巴黎开成立大会,将发刊宣言,征求国内外具有同情之会员,并闻凡中外研究艺术的创作、理论及文艺,与该会表同情者,均有入会之可能云。[21]

学会刚刚成立,便着手与另一美术社团(美术工学社)准备于法国斯特拉斯堡的莱茵河宫(Palais du Rhin)举行"中国美术展览会"。"中国美术展览会,发起于留法美术界同学,并联络留学德、比、英、意诸国美术界所协力组成。留法美术界有两大团体,一名霍普斯会,专重美术学理之研究者。

一名美术工学社,注重美术工艺之制造。此次展览会即由两团体并联合外界同志中推举林风眠、刘既漂、林文铮、王代之、曾以鲁等十人为筹备会员,主持其事。外间学界则多被邀请为名誉会员。"[22]

1924年5月21日,展览开幕,盛况空前,被各大报纸杂志誉为旅欧华人第一次在海外举办中国美术展览会,"论影响实为中国在国际作一有力之宣传"。[23]在这次展览上,一批新人开始受到国人的关注:"新画中殊多杰作,如林风眠、徐悲鸿、刘既漂、方君璧、王代之、曾以鲁诸君,皆有极优之作品。新雕刻则有吴待、李淑良诸君之作品。"[24]看来,吴大羽不仅在油画领域独树一帜,在雕塑方面也颇有研究,可惜的是我们未能找到他的雕塑作品。事实是,吴大羽曾经在雕塑家布尔代勒(Bourdelle)工作室学习雕塑,可能是他后来放弃了在这方面的创作而把精力全部放在油画领域。虽然他不满足于学院派,但学院却给了他完整的技法,在他后来担任杭州艺专教授时强调学生素描的整体感上,可见其充分理解并很好地掌握了学院艺术的精髓。特别是他在雕塑家布尔代勒工作室学习雕塑那段时间,更使他对整体感与力量感有了更深切的体会,我们在其油画作品中都能强烈感受到这两方面的因素。油画家陈钧德谈起2000年他到巴黎进行艺术考察时参观了布尔代勒的工作室,一下子就被其力量感镇住了,他说他的眼前又跳出了吴大羽在20世纪60年代初作的《菜农》(又名《丰收》)——"画面上所画的不是简单的人,而是很重很重的物"。[25]这件作品早已遭到人为毁坏,但艺术家的直觉为我们说明了许多问题,这位世界雕塑巨匠罗丹的弟子,给了吴大羽许多的艺术养分。

在法国巴黎五年的学习时光对于吴大羽来说是愉快的、自由的,他充分吸收多方面的养分,为他的艺术旅程奠定了一个高起点。

第一章　吴大羽的生平

与林风眠、林文铮合影

三、艺专十年（1928—1937）

1927年秋，吴大羽、林文铮、王代之一同乘坐火车离法转道列宁格勒（今圣彼得堡）归国。吴大羽再一次来到上海，进了上海新华艺术专科学校担任教授，他的老师张聿光也在此任教。但这只是一个小小的过渡，待到杭州国立艺术院一成立，他就受聘为首任艺术院西画系主任，而国画系主任潘天寿也正是通过他而聘请的。[26]须知当时国内只有两所公立艺术院校，即北平国立艺专与杭州国立艺专，而杭州艺专基本上是以巴黎国立高等美术学院为蓝本[27]。除了中国画方面外，早期执教的教授大多在巴黎国立高等美术学院或西方其他美术学院留学，它是以西画艺术闻名的。于是，吴大羽自然而然地成为杭州艺专的一面旗帜。"林风眠是校长，须掌舵，忙于校务，直接授课不多，西画教授主要有蔡威廉、方干民、李超士、法国画家克罗多（Kelodow）等等，而威望最高的则是吴大羽，他是杭州艺专的旗帜，杭州艺专则是介绍西方现代艺术的旗帜，在现

015

第一章　吴大羽的生平

1932年杭州艺术专科学校开学典礼师生合影

代中国美术史上作出了不可磨灭的功绩。"[28]

"上有天堂,下有苏杭",人们用这样的语汇来描绘对苏杭的向往之情。杭州西湖,更是人间少有的美景,它激发了无数诗人的灵感。把国立艺术院建立在西子湖边上不是没有考虑的,早在国立艺术院筹划之初,艺术教育委员会便提出了"欲谋全国艺术之普及,须于长江流域,环境适宜、风景佳胜之地,先建设一艺术学院,次及其他各地"[29]。1928年3月26日,西湖的初春,国立艺术院在孤山罗苑举行开学典礼。虽然此时的学院还相当简陋,甚至连校舍都是租借来的,然而毕竟迈出了关键性的一步。这一步的迈出翻开了中国艺术教育史

与国立杭州艺专同事郊游(右五为吴大羽)

第一章　吴大羽的生平

与国立杭州艺专同事游绍兴兰亭（左二为吴大羽）

的新篇章。一批"海外艺术运动社"的主干几乎都到齐了，他们为了一个更大的目标再聚集到一起。

身在风景秀丽之处，身担西画系教授与主任之职，吴大羽大可在他从小就十分向往的领域里大展身手。幸福，意味着做自己喜欢做的事。他不用为生活忧虑，每月三百大洋左右的薪水在当时是非常高的，长期在外奔走的他可以安定下来了。美丽的西子湖畔，激发了他的艺术灵感，他创作了大量的风景作品，色彩语言得到了充分的展现。这里，不仅留下了他艺术的足迹，也记录了一段动人的恋爱。每天他总要带上一束鲜花，在夕阳光照下

与国立杭州艺专同事郊游（左二为吴大羽）

点点闪烁的湖边献给心爱的恋人。[30]1928年8月，这段恋爱画上了完美的句号，吴大羽与寿懿琳举行了婚礼，女方是一位人人称慕的大美人，出生于大银行世家，极具文化素养。婚后他住到岳父的家中，时间不长就搬到杭州东浣纱路二十四号[31]，后又搬到平海路四十六号[32]，到1933年他搬到了葛岭山十五号，此处曾是林风眠的住所[33]。几次忙碌的搬家，促使他开始着手建造属于自己的小天地。起先是林文铮、蔡威廉夫妇在西湖玉泉山门右侧的小山丘上建别墅，这个地方不仅风景秀美，而且极其安静。林文铮便动员林风眠、吴大羽把房子盖在一起。于是，三位志同道合的同事加朋友把

第一章　吴大羽的生平

家安到了一块了，三座小楼，沿着平缓而葱绿的山丘矗立着，之间相隔不到30米。至今，吴大羽曾经拥有的西湖玉泉山旧居依然保存完好，门牌为杭州马岭山3号。[34]

这是吴大羽一生中最惬意的时光，除了教学与作画，还参与艺术活动。1928年8月，以国立艺术院的教师为基本力量，"以团结全国艺术界的新力量，致力于艺术运动，促成东方之新兴艺术为宗旨"的艺术运动社成立了，这是"霍普斯学会"在国内的延续。学会一成立，"便决定在教育部全国美术展览会期后，将本社全部作品另开展览一次，地点在法国公园附近之法比联欢会，由林文铮、吴大羽两先生负责与法比方面接洽"[35]。正是在林文铮、吴大羽两先生的努力下，运动社第一次展览会如期举行，盛况空前。在这次展览会上，吴大羽作品轰动一时。我们可以从当时的一些刊物上，如《亚波罗》、《良友》、《北洋画报》找到对此时展览及作品的一些原始记录。之后，艺术运动社分别于1930年夏、1931年春、1934年春在日本、南京、上海举办展览会，吴大羽皆积极响应，并有作品参展。如1930年7月8日至17日，艺术运动社在日本上野公园东京府美术馆举办的"中华民国国立西湖艺展"，吴大羽还以国立艺术院教授身份参与赴日艺术考察。

创办刊物、举办展览、进行学术探讨，无论老师还是学生，没有因为时局的动荡而停止，没有因为经费的严重不足而轻言放弃，这是一个最具活力的艺术学院，这是一个最有前途的艺术殿堂。事实也证明这十年所培养的学生最为出色，最富追求与探索精神。20世纪30年代的白色恐怖没有使国立艺术院的教学遭受破坏，而日本的侵略战争才使艺专受到重创。1937年8月13日，日本对上海发动进攻，战争波及杭州，此时的艺专只能随着其他团体一块加入了流离的搬迁之路。

国家正处于危难之中，吴大羽没有耽于自身的安逸而忘却了社会责任，躲进象牙塔。早在他当《申报》编辑时，他就以他的智慧与激情针对时局提出了许多问题并发表看法。此时，他画了一大批历史画及富有隐喻的人物画，赞美拯救民族危亡的英雄（如《凯旋图》）[36]，讴歌为民族复兴而上下求索的斗士（如《孙中山演讲图》）[37]，特别是1937年七七事变的爆发，吴大羽作了《国土不容侵犯》（又名《血手》）。常言"画者，心迹也"，吴大羽正是以艺术家的方式来表达他的爱与恨。这幅画深深地留在他学生的脑海里，吴冠中在《走出了象牙塔》的文章中言："吴大羽老师画一只血染的巨手，题款为'我们的国防不在北方的山冈，不在东方的海疆，不在……而在我们的血手上'，"[38]吴季鑫在《从<血手>说起》言："而在室之左下角搁着一幅震撼人心的油画新作，宽约一米半，高约两米半，色调强烈，一看就是吴大羽先生的手笔。远看整个画面就是一只惊心动魄的血手，细看背景为长城内外，惟余莽莽的景致。色彩复杂而深沉，虚远而内涵丰富，如泣如诉，与血手形成了强烈对比的色块，一如吴先生的鲜明个性——兴奋时话无止境，绝俗时闭门拒客，动怒时直言训斥。"[39]

这是吴大羽一生中事业最辉煌的十年。他精力充沛，创作了大量油画作品。遗憾的是，现存画作或图片却寥寥无几。

第一章　吴大羽的生平

艺术运动社第一届展览会场

四、流离年代（1937—1946）

全家福

将国立艺术院建于杭州西湖时，首先考虑到南方相对于北方政治安定，经济富足。而此时的杭州也不再太平了。七七卢沟桥事变，日本揭开了全面侵略中国之面纱，中华民族面临亡国之危。1937年8月13日日军进攻上海，淞沪抗战爆发，不到三个月，上海即告失守。同年12月，日军攻陷南京，国民政府迁往重庆，国家之命运不容乐观，几乎无人能知晓战争还会持续多久，战争会进行到何种程度。

西湖的湖水不再平如明镜。战争，打断了国立艺专正常的教学秩序。正在紧张有序地筹备艺专建校十周年纪念活动的师生们不会想到，他们马上要撤离学校，向西转移了。严峻的形势，没有留给艺专师生多少考虑的时间。多年来搜集的珍贵的图书资料，千方百计节俭

第一章　吴大羽的生平

下来购买的石膏用具,哪能轻易丢弃呢?只能随从大队人马转移。行囊笨重,试想能走多远?更重要的是,这个地方是他们的家,他们怎么舍得离开?于是,只能走一小段,停下来,再走一小段……起初,学校搬至钱塘江对岸的浙江诸暨,因为有位老师的家在那里,听说有庙宇可以作为教室。在诸暨只上了一个多月的课,杭州战事就吃紧了,学校又搬到金华,再搬到江西贵溪的龙虎山。又由于地方治安不宁,土匪强盗出没,无奈,只好再往湖南方向搬迁。

吴大羽及其家属随着学校一起搬迁。身边两个孩子,一个8岁,一个7岁,平时行路都难,更不用说非常时期。艺术,是他毕生的追求,艺专更是他从事艺术的阵地,不管前路如何艰难,吴大羽是下决心与艺专共命运的,他一路跟随学校到了湖南。他的学生朱德群的回忆为我们描述了那一时期的真实状况:"从江西到沅陵是走一段路再坐火车。那时我们目睹难民潮涌、伤兵载道的国破家亡之惨象。火车根本不用买票,只要爬得上去就成。我和冠中等几个同学爬上了火车两边,死抓住铁栏杆防止摔下去。火车的烧煤炉把我们贴火车的那面要烤焦,可被冷风狂吹的另一边身体却要冻僵。吴大羽老师一家更玄,坐在火车厢的顶盖上,日晒夜冻不说,火车拐弯和速度骤变都有被摔下去的危险。杭州艺专师生的命大,虽然大家折腾掉半条命,但是总算没有死。"[40]遗憾的是,战争非但没有促成各方面的团结一致,反而徒生出更多的人事矛盾纠纷。从1938年起至1946年短短几年时间,艺专的校长是换了又换。或许,钱钟书先生《围城》中对旅途中人的叙述有助于我们加深对那段特殊年代人与事的理解。搬迁途中,吴大羽觉得队伍在兜圈子,遂没有跟随大队人马,自行先到长沙,住在火车站附近的小旅馆,欲与大队人马在此集合。不料长沙也卷入战事,不时有飞机轰炸,无奈之下离开长沙经贵阳到了云南昆明。当时，他并不知道学校要在湖南沅陵办学。[41]在沅陵的北平国立艺专与杭州国立艺专的合并，爆发了许多矛盾。林风眠被迫辞职了，林文铮夫妇也被解聘了，杭州国立艺专的教师纷纷离开了。再后来，合并后的艺专在新校长滕固的带领下经贵阳搬到昆明。而吴大羽早已先于学校到达昆明，住在昆明小东门城下22号。[42]新校长很想把艺专办好，在教务主任、原杭州艺专教授方干民的建议下，欲聘请吴大羽来校任教。吴大羽也同意回校，并表示不怕条件艰苦，他愿将衣物卖掉用于教学。在艺术上热情似火的吴大羽遭到命运的一次愚弄，他在昆明等了许久，却迟迟没有接到聘书，生性倔强与高傲的他是绝对不会主动到校询问这件事的。在昆明住了两年多，没有工作，经济上便没有来源，只好于1940年夏（7月）经香港再度来到上海，与岳父母同住在福煦路（现延安中路）632弄49号一栋老式公寓中，直到去世再也没有离开这里。

老杭州国立艺专的师生是绝不会忘了吴大羽的，一有机会，他们马上想让吴大羽回校任教。吴冠中写过这个终究没有如愿的遗憾："滕固病逝，合并后的国立艺专改由吕凤子继任校长，校址迁到四川青木关，我们高年级学生又竭力向吕校长建议聘请吴大羽。吕凤子搞中国画，不介入西洋画的派系之争，无成见，且推崇独创性，他真心接受了学生们的请求。决定聘请已远在上海的吴大羽，连路费也通过曲折的渠道托人转汇去上海。为此，我和朱德群、闵希文最为积极。由我持笔和大羽师不断联络通信。大羽师感于青年学生的嗷嗷待哺之情，决定去四川任教，但交通阻隔，实际情况重重，最后仍不能成行，路费也未

与赵无极合影

领取。"[43]吴冠中所说的与吴大羽师的书信往来情况,笔者手头持有一封,现摘录如下:

> 大羽老师尊前,自悉老师前来之消息,生等日夜盼望并屡促校方汇款以期能早日得老师之领导,艺术得重见曙光。每思及老师因生等学业而身陷旅途之苦,实使生等坐立不安。然为此艺术园地重开鲜花,老师亦当不以此为苦也。
>
> 校方临时上课已一日,但因无师,自感前途茫茫,极盼有领导之人以指光明。故盼老师之心更急,想老师亦能知生

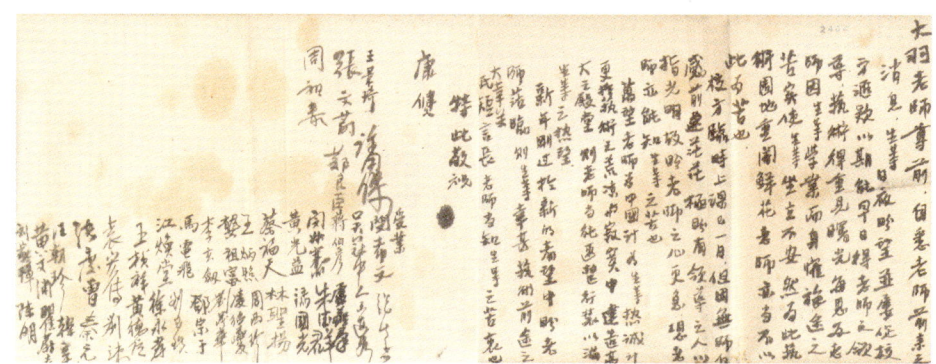

学生联名写给吴大羽信件

等之苦也。

万望老师为中国计，为生等热诚计，更为艺术之荒凉与寂寞中建造高大之殿堂，则老师当能速整行装以满生等之热望。

新年刚过，于新的希望中盼老师莅临，则生等幸甚，艺术前途之大幸矣。纸短言长，老师当知生等之苦衷也。

特此敬祝

康健[44]

信是以集体的名义发出的，共计三十余位学生联合署名。纸短言长，言真意确，师生情谊溢于言表。从这封信，我们也可看出吴大羽在学生心目中的地位与分量。

此时的上海早已是沦陷区，身在孤岛的吴大羽只能终日待在家中，艰难度日。长于思辨与敏锐洞察的他对世事、国事有了更为深刻的认识，对艺术的功能有了进一步的体悟。画少了许多，却读了许多的书，他对中国古代哲学，尤其是老庄思想颇有研究。身陷泥泞，却在为人生与艺术完成一次质的蜕变做准备。

抗战即将胜利那年（1945年），以吴大羽、林风眠、关良等为首的致力于新画运动的"中国现代绘画展览"开幕了[45]，这些作品深受学术界及年轻一代画家的欢迎，在知识界引起轰动。看来，战争终究是无法打断这些艺术家的探索的，只要一有条件，人们便可以欣赏到他们的创造成果。

五、自落低微（1947—1976）

人是无法选择环境的。要么，傲立于世，要么，随波逐流。在后来学生的回忆文章里面，大家不约而同地谈到吴师的"严厉"与"孤傲"。那份"严厉"更多包含的是对学生的关爱，对艺术的真诚；那份"孤傲"则不希望把太

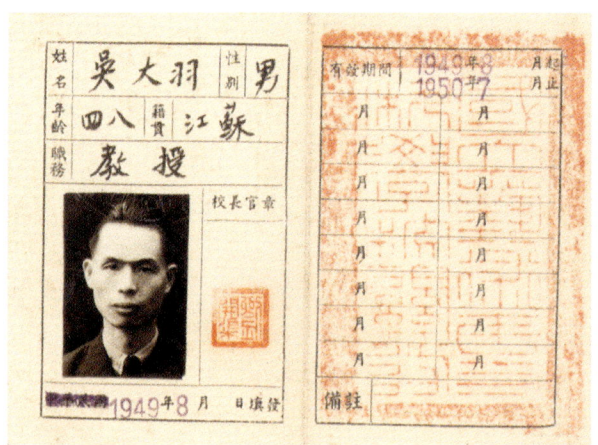

1948年国立杭州艺专工作证

多的热情花在日常人际关系的琐事上。

　　抗日战争胜利后,学校又重新迁回杭州,在围绕着林风眠与潘天寿两人谁当校长的问题上,内部又展开了激烈的斗争,须知两人都是大家公认的好人!杭州艺专的最后一任校长汪日章到任了。又是在方干民的帮助下,这一次吴大羽终于可以重返国立艺专了。吴大羽珍惜这一机会,因为这是他在艺术上施展才华的场所,但吴大羽心有余悸,他不想卷入这无谓的纷争,更何况他在这方面是无知的。他选择了折衷的方式,继续留在上海,只有上课的时候他才来到杭州,虽然他还有房子在杭州。好在两地之间不是太远,又有丁天缺助教维持日常工作,他可以来来往往,倒更加自在。他把他在旅途中所看到的情景用画笔表现出来(如《船夫曲》),可以看出蛰居了这么多年,但始终是关注社会现实生活的,只是多了一份戒备。从小严厉的家教使他容不得有半点虚伪与欺诈,艺术家的禀赋又使他不会有半点的圆滑。人微言轻的他无论如何是承担不起仲裁的角色的，更况乎在生命中有艺术这一信仰。他唯有选择逃避，在逃避中保留他的真。

一般说来，人们早已习惯以1949年为界来划分中国的"新"与"旧"，这的确是一场浩大的革命，从更长的时间来看，或许也可看作是社会领域的一次实验。

新中国的成立，牵动无数人的遐想，人们的热情空前高涨，而且这种情绪举国上下几乎是一致的。不管农民还是知识分子，毕竟在历史上还是第一次提出了"人民当家作主"。然而，历史又和他开了一次大玩笑，他成了新中国成立后第一个遭解聘的国立艺专教授，这也使得这种"真实的幻想"在吴大羽身上破灭得特别早，而几乎周围的人还沉浸在这欢乐的氛围之中。这种疑惑对于周围环境是不协调的，他变得更加孤立。走进中国美术学院，翻开尘封的档案，我们找到题为《请示下学期年度教员人事问题由》的函件：

教员吴大羽，因艺术表现趋向形式主义，作风特异，不合学校新教学方针之要求，亦未排课；吴且经常留居上海，不返校参加教职员学习生活，绝无求取进步之意愿。上述各人，下学期拟免除教员职务，最好请你部另调工作或学习，为碍难办理，则由本校改聘为专任研究员，待遇除研究费外，原支薪金，请你部酌予核减。

谨呈：华东军政委员会教育、文化部

校长：刘开渠

副校长：倪贻德 江丰[46]

本档案提到的"上述各人",除了吴大羽外,还有所谓的"五人集团"[47],但最后遭解聘的只是吴大羽一人。

按丁天缺的回忆,杭州城解放时,倪贻德、刘苇(倪贻德夫人)作为军代表进驻学校并主持工作,开始整顿学校。丁说当时政府规定教职员都应按原来名单保留,但倪无视这一规定,欲意解聘很多人,结果欲被解聘者联名上书教育厅,最后这批人都没有被解聘。而丁天缺和吴大羽不住在学校,不知道此事,因此没有参加联名上书。至于为什么有规定在先,吴大羽仍遭受解聘呢?丁天缺是这么说的:"1950年暑假,刘苇写信给吴先生,告诉吴先生希望他于某月某日到学校报到,如不报到,视为自动放弃。等到吴先生接到信时,报到日期已过了,造成吴先生自动放弃之事实。"[48]

另据金浪发表于《人民美术》文章《杭州的新年画创作运动》载,作为以前颇受欢迎的"形式主义"艺术家的吴大羽在新年画创作

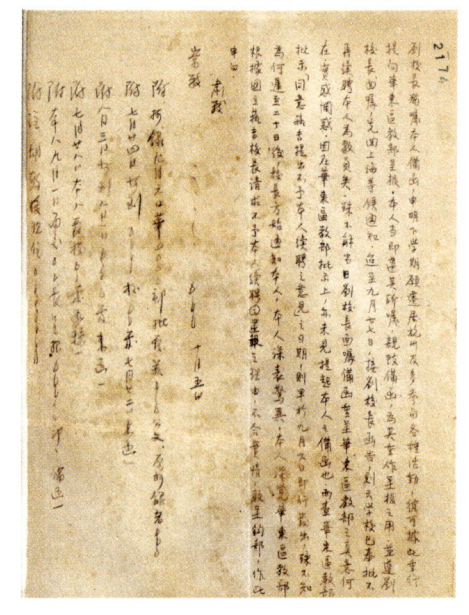

中画了一幅《五子登科》,却受到了严厉的批判,认为他"完全抄袭旧的神像格式,色彩上又涂得很恐怖,红脸红手绿的大袍……失去新年画的积极性和教育意义","作者是为个人趣味出发的,不是为广大人民着想的"。[49]这种歪曲的误读使吴大羽异常绝望,彻底丧失了信心:"我像这根司的克(作者注:'司的克'是宁波'拐杖'的意思),原来是这么长,现在自己折掉了一截画起年画来还不行,那我就不干了!!!"[50]最终只好辞去国立杭州艺专的教职。

其实,吴大羽在处理解聘这一件事件上[51]是非常主动的,他曾抱病到杭州向刘开渠校长表示愿意遵守学校各项规章,"八月下旬,本人以学校开学期近,勉强抱病赴杭,履行刘校长前约,到校访会。其时刘校长去沪

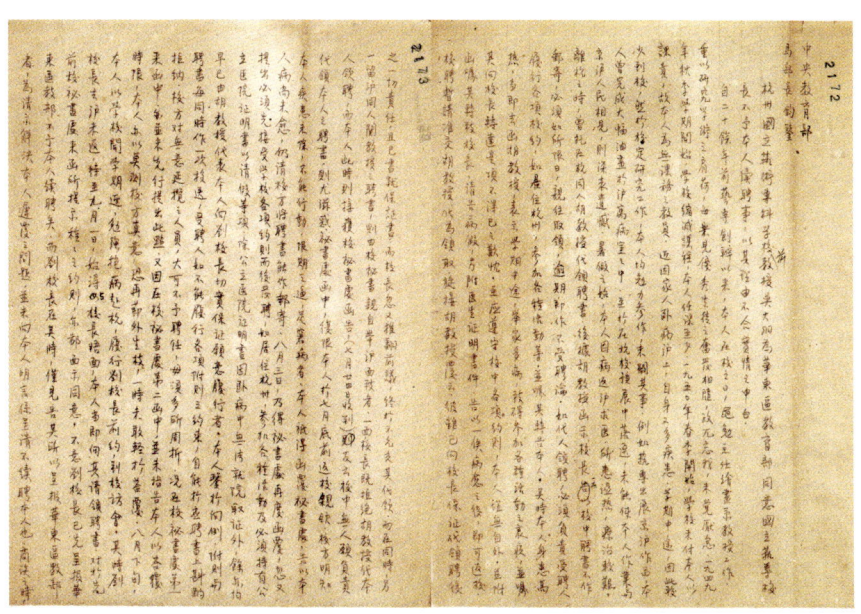

吴大羽寄给教育部马叙伦信件

未返,待至九月一日,始得与校长晤面,本人当即向其请领聘书。对于先前校秘书处来函所提示种种之约则,亦都面示同意。"[52]而此时的中央美院华东分院又由不得他解释,"不意刘校长已先呈报华东区教部不予本人续聘矣。"[53]9月26日,刘开渠校长致函吴大羽:

大羽兄:
开渠遵嘱已于二十三日令主办部门转告钟以勤先生,学校奉批不继续聘任兄为本校教员,特函奉覆,即希查照为荷!
致礼!

刘开渠 谨启 九月二十六日[54]

他觉得有必要让上级部门了解他的真实情况。于是,他写了一封长长的信直接寄往教育部。回复信来了,这封信至今还保留在吴大羽家人手中,我们对信的内容所知不多,其家人只是简单介绍内容尽是对他的批判,甚至还异常醒目地用上"屡教不改"的字样。马叙伦,这位他曾经的证婚人,什么时候当了教育部长,他无从知晓。但为什么连他都对自己采取这种态度呢?事情没能解决,反而雪上加霜。

屋漏偏遭连夜雨!吴大羽失业了,家里一下子断了经济来源,而此时"举家多病"。[55]怎么办?该卖的东西都卖了,严酷的现实重重地压在吴大羽身上。或许,这只是物质上的折磨,稍稍忍忍就会过去了。可怕的是,周围环境对他精神的逼迫,要知道他是一个时时自省的人啊!派出所、居委会的人三天两头都会来到吴大羽的家。而几乎每一个到来的人都会问同样的问题,"为什么不去工作?""怎么会被学校开除?""是不是资本家?""家庭经济来源？""怎么过活？"甚至还会质问："是不是特务？"一连串的发问,让人透不过气,更无从说起。"尤其是他的助教丁天缺被以扰乱教学正常秩序为由送去教养,这些怎能不使他紧张和恐惧"[56],此时的他成了人们斗争的对象。

从1950年到1960年,整整十年没有工作,他连安静地待在家里都不可能,身体也就在这十年的煎熬中垮掉了。新生政权的革命进行得如火如荼,在经济上进行三大改造,在政治上对人的思想进行改造。这位在解雇书上写着"趋向形式主义,作风特异"的人自然在被改造的对象之列,他必须战战兢兢地等候着人民随时上门对他进行改造。但即使这样他也没有停止他的艺术实验。这期间他画了一大批小幅蜡笔作品[57],可惜的是,这些画在1966年抄家时被抄走了,至今下落不明。我们现在看到的只是一些油画创作,大多是作为任务而做的(如《红花》)。虽然是应景之作,但从作品来看,印象派风格还是很明显,看来还真应了马叙伦说的"屡教不改"。

为了生存,他画过连环画,以至于后来的史学家称之为"20世纪50年代以连环画为生"。事实上,他只画过两本连环画——《万能的手》[58]和《石头孩子》,

连环画《石头孩子》

连环画《万能的手》

得稿费100多元。两本都很薄,他画得特别吃力。他不是不会画,要知道20世纪20年代时他就开始创作漫画,他只是无法适应变化无常的社会,他无法把他与生俱来的及他在人生道路上苦苦追求而得来的东西为了迎合需要而轻易改变。这种个性与禀赋使他在浊世中完整地保全了自我,也为此付出了极大的代价。其间,为了谋生他还曾到同济大学建筑系担任色彩教学,但半年不到他自己主动提出辞

晚年的吴大羽

呈。"他觉得他的色彩多倾于主观,要害人"[59],看来他心理压力极大。

1960年上海组建美术学校,使他得以再度走进课堂。然而,此时他的作用和过去已经大相径庭了,他的教学根本适应不了当时的形势,他不再是作为一个严厉的、让人尊敬的老师。相反,他成了运动来临时每每受到批判的对象。[60] "文化大革命"爆发,他更是首当其冲。据其子女回忆,在一次下放劳动中,儿子因为要下乡,走之前去看望父亲,到了工地上,找不到父亲的身影,却看到了张充仁(与吴在上海油雕院创作室的同事)手里拿着两个饭盒,儿子一下子知道父亲出事了。他赶紧跑回家告诉母亲,当母亲赶到父亲跟前时,发现他很痛苦地躺在床上,脚都不能动弹了。询问了工地上管事的人,得到的答案只是扭伤了脚,不碍事。母亲不放心,提出去看医生,那人不耐烦地说,爱去自己去,别耽误了干活。此时已经50多岁的母亲,身体很瘦弱,硬背着父亲上医院。到了医院得爬楼梯,亏了一个小伙子帮忙,才一步一挪地把父亲背上楼。经过拍片检查,髋骨骨折,工地是去不了,从医院回来,才走到里弄,一大群孩子就围着

高声叫嚷:"假的,假的!"原来人还没到,单位的电话就先打到了居委会。在家卧床三个月,每隔两三天就必须写一份检查。在叙述这一段痛苦的回忆时,其儿女一直念叨多亏了那小伙子帮忙。

人身的安全无法受到保障,更不用说作品了。虽然这一时期的画大部分是在深入生活的基础上,集体讨论通过才动的手,仍无法避免被毁灭的结果。

其实家人的叙述只是一个小插曲。游行、批斗、剃阴阳头……哪种滋味吴大羽没有尝到?在这乱世中,多少冤魂屈死!吴大羽以中国知识分子特有的隐忍走向了自我的内心世界,走向了老庄、禅道。

六、夕阳无限(1977—1988)

春天,万物复苏,常被看成是新生命的开始。"文化大革命"这一噩梦的结束,对于许多人来说,不失为生命的再生。

重新恢复了人身自由的吴大羽可以再次安静地生活了。虽然许多问题有待解决[61],但他对世事看得很淡。"'十年动乱'时,吴大羽同样受到冲击,许多作品被毁、腰腿被打伤、房屋被占……他对自己所遭受的挫折和委屈,从无怨言、怨色。在那风雨如磐的日子过去之后,身心交瘁的吴大羽精神为之一振,有时还与我相约一道往近郊采风速写。有次同去植物园,车上他还有趣地逗笑说:'文革'中斗我、骂我是'老朽',现在倒真成了老朽了";"他的住房长期被别人占用不肯搬出,一家四口困缩在一斗室中,他也泰然自若,有时还画些小草图。每当我去看他时心里很难受,但吴大羽是个清高得近'迂'的人,

1996年吴大羽学术研讨会

身处困境也决不求人。另一方面也可能心有余悸。我要他女儿写份书面报告交我转上去申请落实房屋政策。他却说:'现在国家困难很多,个人是小事,慢慢来。'"[62]历经沧桑的他,对名与利、生与死有了更多的体悟、更深刻的洞察。虽已到古稀之年,但他的创作显得十分随意、自由。我们现在所能看到的绝大部分油画和蜡笔画都是出自这段时间,虽然画幅很小,却足以动人心魄。长期的肺病使进人古稀之年的他身体更加瘦弱不堪,但思维依然异常活跃,创造力不减,操起手中的画笔益加地炉火纯青。他对周遭的生活重新进发出火热的激情:《公园的早晨》表现的就是他早晚散步的所见所感;《滂沱》表现的是突然狂风大作,暴雨突至,给吴大羽那狭小闷热的阁楼带来了丝丝凉意,也使长年累月咳嗽不止的他从体内喷发出无法抑制的生命力。他用急骤快速的画笔记下了心灵的跳动,记下了生命力勃发的一刹那。他的生活是他艺术的一部分,他的艺术便是他的生活!

1985年以后,他的健康状况急速下降,已不能自由走动,只能终日卧于床上,眼睛也开始看不清物体了。看到同是画家的朱屺瞻治好了眼疾时,他的心不能不为之所动,他还有许多的创作还没有完成,他还不能停止他的工作。但现实对他总是那般残酷,他没能得到治疗,他只能永远地搁下手中的画笔。再后来,身体越来越差,大量地咳着血,也终究得不到较好条件的医治,"说因为级别不够,则如果级别高,医疗及时,他的生命当可延续下来,但他从不争级别,他说过,自己的分量不必由人上秤。他以生命作代价维护了自己的人格"[63]。

1988年1月1日上午11时30分,他因患肺源性心脏病而与世长辞,留下了一大批未示人的作品。

注 释

[1]据吴大羽子女回忆。而丁天缺说是宜兴县城的百谷巷,闵希文回忆说是宜兴县的和桥镇。

[2]据吴大羽子女回忆。而吴崇兰在《无画的画家——我的小叔吴大羽》一文中提到:……大羽先生排行第六,又是最小的,所以称他为六叔或小叔。见林泊佑主编:《吴大羽画展》,台北:台湾历史博物馆,2001年3月,第21页。

[3]"清光绪二十九年(1903年)以后,市乡陆续将书院改办为小学堂,宣统三年(1911年),全县有各类小学堂35所,学生1631人。民国元年,学堂改为学校。"江苏省宜兴市地方志编撰委员会编:《宜兴县志》,上海:上海美术出版社,1990年5月,第616页。

[4][5]陈创洛整理:《吴大羽谈艺录》,《上海美术通讯》2002年第4期,第42页,第17页。

[6]李超:《中国现代油画史》,上海:上海书画出版社,2007年12月,第36页。

[7]吴崇兰:《我的小叔吴大羽》,《华盛顿新闻》1995年9月8日。

[8]李超:《上海油画史》,上海:上海人民美术出版社,1995年11月,第346页。

[9]1922年,俄籍画家朴特古斯基在上海教授西画,画家张聿光曾向之学习。参见李超:《上海油画史》,上海:上海人民美术出版社,1995年11月,第83页。

[10][11][45]朱伯雄、陈瑞林编著:《中国西画五十年(1898—1949)》,北京:人民美术出版社,1989年12月,第160页,第160页,第560页。

[12]林泊佑主编:《吴大羽画展》,台北:台湾历史

博物馆，2001年3月，第29页。遗憾的是我们始终没有找到其在《申报》发表的短文和诗篇。

[13][56]闵希文：《博大精深 超尘脱俗——我国第一代油画开拓大师吴大羽》，台湾大未来编：《中国新派绘画宗师：吴大羽》，台北：台湾大未来画廊，1996年6月，第16页，第18页。

[14][15][16]张祖英、方山整理：《历史是公正的——吴大羽先生学术研讨会纪要》，《油画家》1996年第4期，第2页。

[17][18]顾跃：《飞光嚼采韵 势象显峥嵘——论吴大羽的艺术》，《荣宝斋》2010年第12期，第22页，第23页。

[19]庞熏琹：《学画》，赵力、余丁编著：《1542—2000中国油画文献》，长沙：湖南美术出版社，2002年12月，第490页。

[20]阮荣春、胡光华：《中国近现代美术史》，天津：天津人民美术出版社，2005年6月，第55页。

[21]《申报》1924年3月12日，第4版。

[22][23][24]李风：《旅欧华人第一次举行中国美术展览大会之盛况》，《东方杂志》第21卷第16号，第31页，第31页，第34页。

[25]根据2004年6月笔者对陈钧德的访谈记录整理。

[26]吴冠中：《林风眠与潘天寿》，施大畏主编：《探索与个性——上海林风眠艺术研究协会论文（作品）》，上海：上海画报出版社，2002年11月，第21页。

[27]刘晓路：《留学海外的中国美术家》，王镛主编：《中外美术交流史》，长沙：湖南教育出版社，

1998年6月，第293页。

[28][43]吴冠中：《吴大羽——被遗忘、被发现的星》，上海油画雕塑院编：《吴大羽》，上海：上海教育出版社，2003年11月，第24页，第25页。

[29]宋忠元编：《艺术摇篮》，杭州：浙江美术学院出版社，1988年3月，第7页。

[30]邱瑞敏：《他的精神永在——吴大羽印象》，邱瑞敏主编：《世纪空间——上海美术专科学校校史（1959—1983）》，上海：上海大学出版社，2004年5月，第218页。

[31][32][33]余元康主编：《中国油画图典（1868—1999）》，沈阳：辽宁美术出版社，2000年11月，第104页，第114页，第108页。

[34]仲向平：《西湖名人故居》，杭州：杭州出版社，2000年10月，第159页。

[35]李朴园：《我所见之艺术运动社》，《亚波罗》1929年第8期。

[36]吴冠中对此作品特意发较大篇幅进行回忆与考证"吴大羽在杭州艺专陈列馆展出多幅油画，其中最大的一幅《岳飞》，当年的老学生都见过，惜无照片留世。有人论及此画时称之为《凯旋》，这是误读。画面表现百姓阻拦岳飞的坐骑，马上的岳飞，低头沉思了。我细读标题：'相公去，吾侪无××矣。'那××二字我没记住，意思是生灵涂炭矣，恳求岳将军不要撤军回朝，应乘胜抗击金军，保卫一方。老百姓不了解以秦桧为首的投降派左右皇上，下圣旨召回岳飞，岳飞的悲愤远甚于百姓的恐惧，画面显然绝非'凯旋'，即使用'班师'作题也不够贴切，

第一章 吴大羽的生平

所以作者才突出题意焦点。我不知此画创作年月，但肯定是抗战前夕。后来我想，在广大人民痛恨蒋介石的不抵抗主义，敢怒不敢言的社会气氛中，吴大羽作《岳飞》是否与民共鸣？"吴冠中：《吴大羽老照片》，《文汇报》2005年10月30日。

[37]"1936年作的《演讲图》也是一幅巨作，孙中山穿白色大褂和坐在草地上听讲的群众混成一大片浅蓝色调，加上后面绿紫色树木，整个画面呈现出微冷的青紫色，给人一种深沉的思考和冥想。"闵希文：《心灵的彻悟——忆中国油画第一代垦荒者吴大羽》，上海油画雕塑院编：《吴大羽》，上海：上海教育出版社，2003年11月，第33页。

[38]吴冠中：《出了象牙塔》，吴冠中等著：《烽火艺程》，杭州：中国美术学院出版社，1998年4月，第2页。

[39]吴季鑫：《从<血手>说起》，吴冠中等著：《烽火艺程》，杭州：中国美术学院出版社，1998年4月，第21页。

[40]祖慰：《朱德群传》，上海：文汇出版社，2001年1月，第50页。

[41]据丁天缺回忆，在迁移路线上，吴大羽与林风眠发生矛盾，遂离开队伍，遭林风眠解聘。

[42][48]根据2004年6月笔者对丁天缺的访谈记录整理。

[44]吴大羽文稿，其家人收藏，李大钧先生提供。

[46][54]现存于中国美术学院档案室。

[47]所谓"五人集团"为潘天寿、吴溪、戴秉心、王隐秋、诸乐三。

[49]金浪：《杭州的新年画创作运动》，《人民美术》1950年第2期，第57页。

[50]袁采然：《回眸艺术摇篮——记原国立杭州艺专校友"信摘"》，《美术报》2002年1月19日。

[51]关于吴大羽前后两次被解聘的缘由，可进一步参见金临：《一片飘零的落叶：吴大羽的两次离职》，《新视觉艺术》2010年第4期，第41～43页。

[52][53][55]1950年10月5日吴大羽写给教育部马叙伦的信。吴大羽家人收藏，李大钧先生提供。

[57]据家人回忆有五六百幅之多。

[58]据金临考证，《万能的手》所配插画为原书"自带"，绘画者为阿·康斯坦金诺夫斯基，并非为吴大羽所绘。金临：《吴大羽绘画研究——关于中国现代美术中"诗性绘画"的问题》，上海大学博士学位论文，第30页。

[59]朱膺：《飞光嚼彩云——纪念吴大羽师百年诞辰》，《文汇报》2003年12月10日。

[60]参见李超：《上海油画史》，上海：上海人民美术出版社，1995年11月，第163页。

[61]如丁天缺回忆他在整理吴大羽的遗物时找到一个单子，上写着1973年11月起至1978年2月为止，工资打六折，又如"文革"结束后吴大羽的房子仍然被占用……

[62]沈柔坚：《大智若愚吴大羽》，《文汇报》1997年6月11日。

[63]吴冠中：《吴大羽现象》，《文汇报》1996年10月30日。

第二章

吴大羽漫画作品

从目前可见的史料看，吴大羽艺术除人们知道的油画、蜡笔画外，笔者认为还应包括漫画及书法作品。漫画作品，是笔者在搜集吴大羽生平史料的艰难过程中的重大发现，而这之前一直不为外界所知。就笔者所发现的漫画作品，以时间为序，整理如下：

序号	作品名称	发表时间
1	社会上缺乏团结力的原因	民国10年1月20日
2	社会进步的障碍	民国10年1月21日
3	同一冬日下	民国10年1月22日
4	一步难行一步	民国10年1月25日
5	自贬人格甘做牛马	民国10年2月12日
6	今日行政的工具	民国10年2月26日
7	不可有与不可无	民国10年8月29日
8	武力与舆论	民国10年8月31日
9	科学方法	民国10年9月1日
10	进步之悲观	民国10年9月5日
11	LOVE	民国10年9月7日

序号	作品名称	发表时间
12	进步之悲观	民国10年9月13日
13	国民应有之态度	民国10年9月14日
14	天助自助者	民国10年9月22日
15	早婚	民国10年9月23日
16	芝兰玉树	民国10年9月30日
17	还是希望做老太爷	民国10年10月6日
18	希望国民感想到自然	民国10年10月10日
19	公理是和平之母	民国10年10月10日增刊
20	中国五十年中之进步及将来	民国10年10月14日
21	猛力割去何必自苦	民国10年10月20日
22	此种家庭教育之结果是自私自利	民国10年10月24日
23	工商业之伙友	民国10年11月8日
24	社会对于青年之态度	民国10年11月9日
25	发达	民国10年11月29日
26	总有这一日	民国10年12月15日

序号	作品名称	发表时间
27	美术之创造	民国11年1月1日增刊
28	文学之创造	民国11年1月1日增刊
29	科学之发明	民国11年1月1日增刊
30	哲学之发明	民国11年1月1日增刊
31	教育之普及	民国11年1月3日
32	农业之振兴	民国11年1月4日
33	谬误的道德观念	民国11年1月16日
34	前途黑暗	民国11年1月17日
35	中国之民众艺术	民国11年2月7日
36	无题（四联画）	民国11年2月8日
37	兽性训练	民国11年2月16日
38	今日之四凶	民国11年2月22日
39	无题（六联画）	民国11年2月23日
40	革命的《圣经》	民国11年3月1日
41	亚细亚的新空气	民国11年3月4日

序号	作品名称	发表时间
42	谁之责	民国11年3月8日
43	世界大政治家怎样得到他的荣誉	民国11年3月9日
44	原来是名誉学校	民国11年3月10日
45	干事应有的精神	民国11年3月20日
46	纯粹的民意表现	民国11年3月21日
47	闸北公民自治会	民国11年3月23日
48	美育新潮	民国11年3月24日
49	我们只是进行我们的光明运动	民国11年3月27日
50	看他的鼓励语	民国11年4月8日
51	神秘基础	民国11年4月10日
52	营业关系	民国11年5月15日
53	好大的机括	民国11年5月20日
54	大人先生热心公益之真相	民国11年5月22日
55	眼热病	民国11年5月24日
56	希望各行工人都有这预备	民国11年6月1日

注：上述作品均刊于《申报》。

仅所发现的漫画作品就有56幅之多，还不包括被笔者所遗漏的作品。下文，从内容与形式的角度做大致的归纳与分析，进而概括出作品特点及早期学艺经历，并指出重新发现其漫画作品的意义与价值。

一、从内容的角度看吴大羽漫画作品

1. 时事政治类

这类作品占了相当大比例。它们大多以动态的视角针对时局，对社会现状作了深刻的揭露、批判，使民众对当前的社会现状一目了然。这些作品的政治敏感度是相当强的，即使今日的我们都对那一时期的言论自由和作者认识事物独到犀利的判断力与表现力而感到惊讶。如《今日行政的工具》刻画统治者将"借债"与"增兵"作为统治工具，建立不顾民意、甚至"反对民意"的暴力与强权的军国政治。作者绘制此图时正值中国笼罩在军阀混战的割据状态下，政府当局还不惜出卖国家与民族利益大举向西方列强国家借款，联系时局，作者所要传达的主题便一览无遗。又如《今日之四凶》画了老虎、狐狸、野猪、狮四种动物的形象，最具讽刺意味的是这四种凶狠食肉动物都

第二章　吴大羽漫画作品

今日行政的工具

戴上了标明军阀、绅阀、财阀、学阀身份的帽子，形象、生动而又寓意深刻地再现了鲁迅先生所言的"吃人的社会"。再如《兽性训练》，画面右边画了一大群似人又非人，似野兽又非野兽的队伍作"之"字形行军状。他们面目狰狞，拖着一条长长的尾巴，背着带刺刀的步枪，雄赳赳，气昂昂，杀气腾腾。画面中央是一个领导者，张牙舞爪，挥舞着大刀，不可一世。左边竖有一告示牌，写道"杀人放火，掠夺土地，是军国民之天职，是无上的荣誉"。文与图各自不同的表现功能都深化了主题。这让我们很自然地联想到西班牙画家戈雅的铜版画《加普里乔斯》。

以上三幅作品都是针对反动阶层的辛辣有力的抨击。同是政治性题材的漫画，还有表现号召国民奋起抗争社会之不平等及帝国主义之侵略的内容。如《希望各行工人都有这预备》详细刻画了一个斗争的工人形象，身穿海员服饰，手拿盾牌，微躬着身，随时准备投入战斗。特别是脸部刻画，两眼微瞪，颧骨方硬，突出表现了国民英勇浩然之气。他的身后站满了密密匝匝的人，形象也和这位工人一样，手拿盾牌，所不同的是表现形式上是一种极其简约的手法，形成了一种虚实对比，显出了工人的力量。该漫画作于1922年6月1日，这之前即1922年3月发生香港中国海员大罢工，之后即1922年9月发生安源路矿工人大罢工，反映了工人阶级以独立的政治力量登上历史舞台。作者

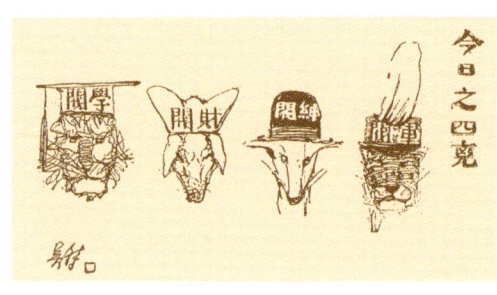 

今日之四凶　　　　　　　　　兽性训练

以漫画的形式号召全国工人阶级团结起来争取自身的权利与社会的变革，与当时政治事件及社会变革风气相呼应。

还应提及的是《中国五十年中之进步及将来》，它深刻反映了作者对当下中国的思考：五十年的革命，经过了戊戌变法、辛亥光复、五四运动，中国革命还会走向何处呢？或许，没有人能预测历史的变化，但有识之士必然会自觉地进行思考。这里，吴大羽只是提出了问题，却可以看出他是一位善于用历史的眼光思考问题的青年。

吴大羽的时事政治类漫画深刻大胆地揭露社会矛盾与弊端，除表露出作者特有的个性气质外，更与当时的社会状态分不开：一方面说明民众思想的觉悟与如火如荼的反抗斗争及反动当局对社会舆论的控制不是很有力；另一方面则主要源于之前的漫画家所赋予漫画强烈的批判功能。早在20世纪的头几年，各地各式报纸纷纷涌现，且不少报纸都开辟固定漫画专栏，这自然催生出了漫画的发展（虽然当时还没有"漫画"这一统一名称)。这些报刊都充分利用当时的特定发展空间来生存,据顾德曼文章《上海报纸的跨国现象》言:"众所周知,为了获得庇护,大多数中文报纸都把它们的办公机构设在公共租界内并在外国领事馆注册。根据1918年英国的一份情报报道,九家当时很有影响的中文报纸中有七家注册于日本总领事馆(这七家包括《申报》、《时报》、《时事新报》、《神州日报》、《民国日

希望各行工人都有这预备

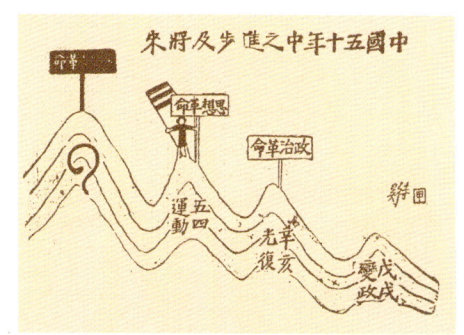

中国五十年中之进步及将来

报》、《中华新报》和《亚洲日报》），尽管这些报纸的股东大多是中国人。"[1]报纸在外国注册确实具有政治意义，如瓦格纳（Rudolf Wagner）所指出的，如果没有公共租界，就不会有中国的公共舆论界。[2]这话有偏颇之处，但也有一定的道理。

2．伦理道德类

这类题材的漫画，大多从社会伦理道德的角度对社会现有之事物、制度提出质疑或批判。吴大羽发表的第一幅漫画《社会上缺乏团结力的原由》便是这方面明显的例子。画有天平一座，两边重量是极其不对称的，一边是"个人幸福"，有如石块一般压得天平极度倾斜，一边是"社会幸福"，轻如鸿毛，可有可无。矛盾的冲突立刻呈现出来。作者用一种清晰明了的图式揭示了深刻的社会问题。

与朱应鹏合作的《谬误的道德观念》，画着一位"道学先生"，身着中式马褂，脸戴墨镜，一手拿着扇子，一手拿着文明棍立于演讲台，正在给一群少年作《救世真言——女色之害》的演讲。这位道学先生的身后张挂着一幅大图，绘有"女子者，妖狐也"，"女子者，毒蛇也"，"女子者，粉骷髅也"等。从道学先生的表情看，讲得苦口婆心，汗流两颊，可谓尽心又卖力，却又暗合了我们心目中的江湖郎中的形象，不啻为公然向旧式的道德观进行抨击。《干事应有的精神》采取的是正面肯定、颂扬的手法。画中人面临猛烈之风，弓着腰，背着"责任心"与"良心"二布袋，步履蹒跚，每踏出一步，都要花费十二分的力气，却终究不轻言放弃，表明了一种坚忍的人格力量，更表达了一种"舍我其谁"的社会责任感。

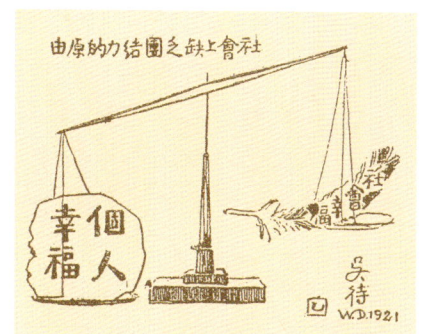

社会上缺乏团结力的原由

干事应有的精神

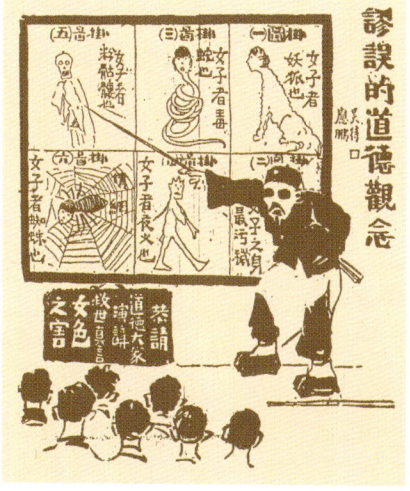

谬误的道德观念

这类题材的作品尚有《自贬人格甘做牛马》、《此种家庭教育之结果是自私自利》、《大人先生热心公益之真相》、《芝兰玉树》等。

3．生活小品类

这类漫画从寻常生活的角度透露出某种哲理思想，与政治事件和社会事件相比更能超越特定时间与空间。相应地，它的批判性不像政治性和伦理道德类的作品那么尖锐，平淡之中透出的意味却更为隽永。如《希望国民感想到自然》，描绘原始时期的人，他们质朴、大方，不加修饰，有一种健康之美；而进入文明社会的人却开始矫揉造

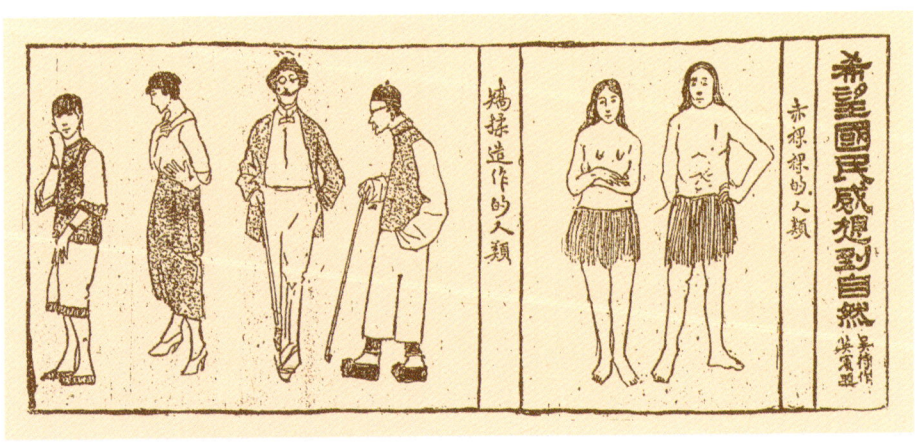

希望国民感想到自然

作起来，男的戴瓜子帽或西洋帽，手里拿着文明棍，似乎那是身份的象征。女子学会了羞羞答答，捏着手帕，半遮脸面，须知笑是不能露齿的，不能与生人对视……活着有了越来越多的规矩，活得越来越丧失了人的本性。现在的人是否还能想起人类史前生活的情景？虽只有简单几个形象，却让人沉思许久。与朱应鹏合作的连环画类型的漫画，由四幅小画组成，没有题名。所绘内容为日常生活场景，有如叙述故事，看似平淡，却引申出一个浅显又深刻的关于对新鲜事物的接受与实验的命题。

此外，尚有一些漫画很难将它们进行归类。这些漫画更多带有插图性质。它们大都发表在元旦增刊上（民国11年1月1日），以《新年新希望》为题，表达了作者的美

无题（四联画）

好祝福，在此暂且将之归纳为"歌颂漫画"。该年正是中华民国建国10周年，因而这些漫画又有了更多的文化内涵和政治寓意。画中的人物形象都是类似西方人的形象，如《文学之创造》、《科学之发明》等。这些内容与形象大抵反映了时人对欧洲文化艺术的态度，当然更说明了作者对欧洲文化的倾慕，向往欧洲文明之进步，希望借欧洲的科技与文艺来振兴中华。

　　总之，从描绘内容看，作品题材广泛，除深刻地描绘了帝国主义对中国的侵略与军阀间的混战及社会的不平等等黑暗面外，还刻画了工人阶级的力量与社会进步的因素及人们的日常生活等方面内容，充分反映了20世纪20年代初期吴大羽的政治态度和爱国热情。同时，我们也应清楚地看到作为个体的他对社会的前进动力及社会的未来发展走向并不清晰，当然，这也是他所处那一时代的困惑。这项工作，使吴大羽与现实社会的距离缩短了许多，使他更加关注社会的方方面面，更加自觉地去思考社会发展的现状与问题。

文学之创造

二、从形式的角度看吴大羽的漫画作品

总的来说，吴大羽的漫画具有一般漫画的特征，即以简练的手法直接揭示事物的特征和本质。但是，我们仍能从某种风格特征出发了解其所具有的一些特点及时代风格。

1. 从画面效果看某些作品明显受西方文化艺术的影响

与他的老师张聿光及其同时期的作品相较，这些漫画作品在表现形式上继承中国传统技法的同时，还吸收西洋绘画的透视及明暗造型手法，从而更多带有西画艺术的特点。如《社会进步的障碍》遵循严谨的透视规律；《科学之发明》以繁密的长线条布满画面，一扫简洁特征。线也不再是中国传统艺术所追求的一波三折，取而代之的是整齐划一的直线，焕发出严谨理性之情绪，有如西方铜版画制作之效果。同样地，《农业之振兴》的画面上也布满了密集的长线条，只是加强了疏密对比。再如《LOVE》，画面中的女人体除了自如地应用光影手法塑造出立体效果并呈现出一定的空间感外，人物的体形及装扮的原型也是西方的，这在中国早期的漫画作品中并不多见。这类作品

科学之发明　　　　　LOVE

尚有《美术之创造》、《哲学之发明》等。

2．文字与画面的紧密结合

吴大羽的漫画都配有文字。文字有时作为点明所画之物的象征义，如《社会进步的障碍》；有时作为画面旁白，参与故事情节的叙述，如《大人先生热心公益之真相》；有时作为画面构图的一部分，如《中国之民众艺术》；有时又成为了人物开口说话的语言，如《社会对于青年之态度》。这些通俗易懂的文字与生动的画面形象相结合，或画龙点睛，或旁敲侧击，或借题发挥，使作品的思想性和艺术性更加突出，从而使读者看后一目了然，达到"醒世"的社会作用。这不仅与报刊为满足普通老百姓日常需求有密切的联系,而且与此时期文学上的文体革命和提倡白话文运动也有一定的关联,同时也是吴大羽漫画作品的显著特点之一。这点与中国早期漫画的特点一致。

3.连环结构式漫画

这类漫画比较少,它采用连环画的形式,组成一组画面,然后用文字组成一个完整的故事,在叙述中蕴含象征与寓意,如《无题》(六联画)。关于连环漫画,有史论家认为中国最早的连环漫画始于鲁少飞的《改造博士》、《陶哥儿》及叶浅予的《王先生》,它们均发表于1928年。如,"鲁少飞早在20世纪20年代就从事创作。他的连环漫画《改造博士》、《陶哥儿》等,属于我国最早的一批连环漫画"[3];又如"但它们和《王先生》一样是中国连环漫画史上的

大人先生热心公益之真相

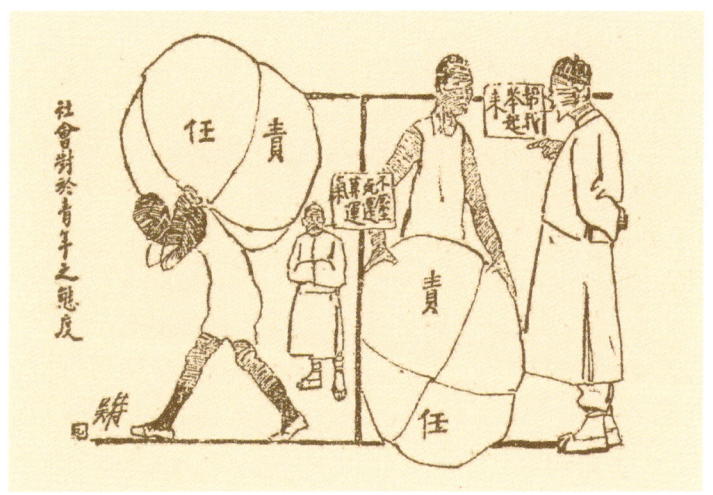

社会对于青年之态度

首批作品,其首创意义是应当肯定的"。[4]仅就目前重新发现的吴大羽漫画作品看,这种提法显然是不准确的。他与朱应鹏合作漫画(四联画)发表于民国11年2月8日(1922年),而上述提到的《无题》(六联画)发表于民国11年2月23日,这两幅作品都比鲁少飞《改造博士》、《陶哥儿》及叶浅予《王先生》早六年。这类漫画作品还有《世界大政治家怎样得到他的荣誉》。

此外,吴大羽漫画尚有对同一主题的不同表现形式,可称为"系列漫画"。从不同角度、视点对同一问题的不同描绘,如《进步之悲观》系列。

中国之民众艺术

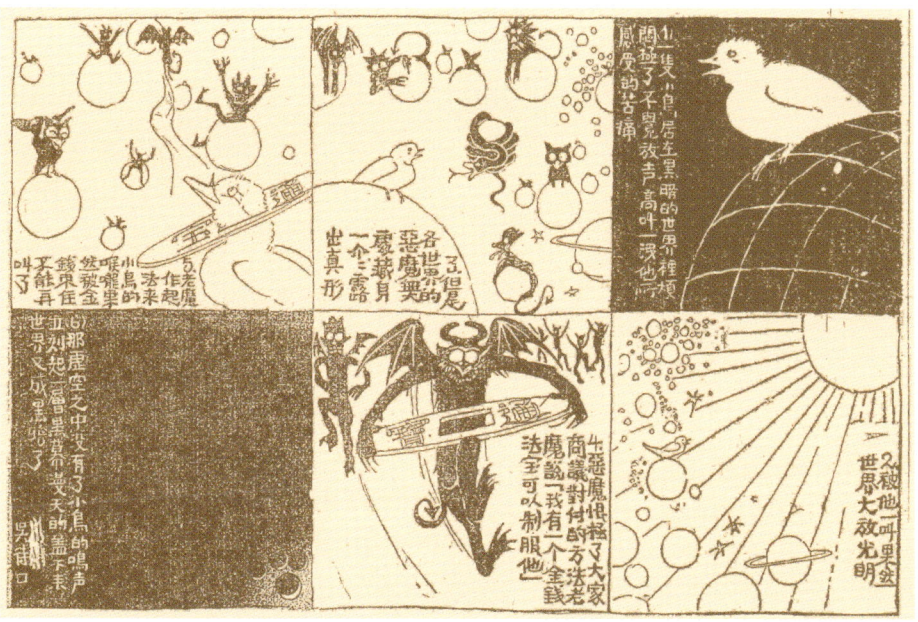

无题（六联画）

三、吴大羽漫画作品与早期的学艺经历

从发表的时间看,吴大羽从事漫画创作主要集中在1921年1月至1922年6月,也即他担任《申报》美术编辑期间。在两年多的工作中,吴大羽用"吴待"的笔名连续在《申报》发表了56幅漫画作品。

1918年是吴大羽人生经历中重要的一年,这一年他来到当时文化艺术中心上海学习绘画且师从张聿光先生。[5]这之前,虽然吴大羽已经自学绘画多年,但主要局限在传统的中国画,对西洋画少有条件接触,更勿提掌握西洋绘画技法。[6]张聿光一生有不少优秀学生,如油画家陈抱一(1893—1945),于1907—1908年在四川路青年会学校读书时向张聿光学习绘画[7];又如漫画家张光宇(1900—1965)于1915年在新舞台拜张聿光为师。[8]但这位著名的西画家兼漫画家怎么教及吴大羽怎么习画,目前还没有发现相关资料记载。从现有的史料看,1918年张聿光已离开了上海图画美术院,辞去校长一职。他回到新舞台继续他的布景绘画生涯,[9]或许这一年还到四川路的"青年智育部"担任美术教师。[10]据此推断,吴大羽只能在新舞台或"青年智育部"跟从张聿光学画。而此时的张聿光已有十余年的绘画教学经历且当过上海图画美术院的校长兼教授,教学经验十分丰富,虽然当时的西画教育处于初期阶段,训练方式、方法还在摸索中,但已从临摹印刷品向强调写生过渡。通

过这批重新发现的漫画作品，从技术角度看，可以确证吴大羽在赴法留学前经历了一段严格艺术训练，对西方造型规律有了较深入的学习与理解，特别是在漫画方面已经自如地掌握创作所必需的基本功及表现形式；从形象的塑造来看，与他的老师张聿光在画法上以中国写意人物画的线条造型为主，在某些局部吸收西洋的钢笔技法，风格更趋豪放和简练相较，吴大羽部分作品在画法上受西方明暗造型的影响更深；在艺术构思和艺术表现上，他的漫画在写实的基础上兼有夸张的因素，并且注重寓意、象征、比喻等手法的运用。作品大多简洁直观，画面通俗易懂，这种简练与概括的艺术风格甚至影响了他一生的艺术创作。

正是源于向张聿光的学习，吴大羽在两年的时间内打下了绘画功底，对西洋画有了较深的认识，特别是在漫画方面的训练使他谋得了一份文化人的工作，也即1920年，年仅17岁的吴大羽就在当时上海三份大报之一——《申报》担任美术编辑。更重要的是，他把所学到的技术变成了一种展示思维的工具。除了向张聿光具体学习绘画外，上海独特的文化艺术氛围也对他产生一定的影响，使他得以接触西方的文化。虽然没有这方面资料的直接记载，但从对同时期同是漫画家但杜宇的描述，也可从侧面了解到吴大羽的求学情况："1916年左右，年轻的但杜宇便携带母亲从贵州来上海谋找工作。但杜宇自幼喜爱绘画，到上海后为解决生活问题，他

公理是和平之母

刻苦自学绘画。当时上海北四川路一带有很多旧书摊，但杜宇花少量的钱，买回大批外国旧画报，这些画报就成了他学习绘画的老师。他对自己喜欢的画，一边琢磨，一边临摹，不几年工夫，通过苦学掌握了一定的绘画基本功。从此，他常常为上海的报刊，如《小说新报》、《新声杂志》作画。"[11]

四、重新发现吴大羽漫画的价值

从现有的资料看，几乎没有人知道吴大羽曾经画过漫画，当然更不会有人说吴大羽还是个漫画家。虽然漫画创作只是他一生艺术创作中的一个短暂经历，只是他艺术学习中的一个阶段，然而这些作品却极其重要，填补吴大羽青少年时期作品的空白，是深入研究其早期艺术学习与人生经历的不可多得的重要实物依据。它不仅有助于我们了解吴大羽早期的艺术经历与面貌，同时对于中国早期漫画史的挖掘与研究具有一定的价值与意义。

1. 对吴大羽生平与艺术及对中国第一代油画家（早期西画团体）的研究

中国的第一代油画家大多与上海产生一定的关

联,他们要么从上海出发出国留学,要么学成归国后在上海工作。20世纪初的上海是一颗正在冉冉升起的新星,租界区独特的自治形态提供了远比中国其他城市更大更自由的空间,东西文化的撞击与融合使它成为当时中国当之无愧的文化艺术中心。学术交往频繁,涌现出许多学术团体,致力于学术交流。仅西画团体,20世纪20年代初在上海就有:文美会(1912年)、东方画会(1915年)、天马会(1919年)、晨光美术会(1921年)。他们举行聚会,举办展览,共同研究西画艺术。目前,我们尚未查到吴大羽参加艺术团体的具体史料,但通过吴大羽在《申报》担任美术编辑及在《申报》发表的漫画作品等相关情况,对吴大羽早期参加艺术活动同样可以做出一些推断。如1921年1月成立的"晨光美术会",其主要成员大都跟他有密切的关

世界大政治家怎样得到他的荣誉

早婚

系：组织者张聿光是他的老师；成员朱应鹏也是当时《申报》的美术编辑，且跟他合作过漫画；孙眉荪也曾担任过《申报》的图画主编。[12]师生关系与同事关系，又有共同的兴趣与爱好，使他们不可能不走到一起。"目的于振兴我国的西画艺术"[13]的"晨光美术会"在那时是很出名的，不仅有固定画室"以供会员到会作画研究"[14]，聘请人体模特进行训练；还"特设研究所，作为切磋西画技艺的场所"[15]，并且多次举办画展。如此，重新被发现的吴大羽漫画作品不仅对于吴大羽的个案研究，对于中国早期西画艺术团体的研究及中国第一代油画家的研究都是不可多得的史料。

2．对中国早期漫画史的研究

《申报》为近代中国发行时间最久、具有广泛社会影响的报纸。以"无偏无党"、"独立之精神"为办报宗旨，《申报》所倡导的舆论的"独立"对中国近现代报业的发展做出了不可磨灭的贡献，在中国新闻史和社会史研究上都占有重要地位，被人称为研究中国近现代史的"百科全书"。据不完全统计，中国早期重要漫画家在《申报》发表漫画作品的有丁悚（1891—1972）、钱病鹤（1879—1944）、沈泊尘（1889—1920）、鲁少飞（1903—1995）等。1920年，年仅17岁的吴大羽便在《申报》当美术编辑并发表漫画作品，能在具有如此强大影响力的报刊任职并发表作品足见其非凡的见识与能力。[16]此外，学术界一般把20世纪20年代初期（1920—1924年）视为中国漫画发展的沉寂时期，而吴大羽所发表的漫画作品又恰巧在这段时间内（1921年1月20日至1922年6月1日）。在这段时间，中国革命的斗争形势出现了新的变化，产生新的阶级力量与新的革命政党。如此，通过对吴大羽漫画的挖掘与整理有助于我们对这一段时间的漫画及社会形态作更深入的了解。

从这批作品的数量及水平看，称吴大羽为漫画家一点也不为过。从作品形式看，他比同一时期及之前的漫画家受西画的影响更深，而在连环漫画这一漫画表现形式上，比目前学界认定的"我国最早的一批连环漫画"早六年，这点，对中国漫画史的研究同样具有突破性的史料价值。

注 释

[1][2]顾德曼：《上海报纸的跨国现象》，马长林主编：《租界里的上海》，上海：上海社会科学出版社，2003年10月，第111页，第107页。

[3]毕克官：《中国漫画史话》，天津：百花文艺出版社，2005年1月，第111页

[4][11]毕克官、黄远林编著：《中国漫画史》，北京：文化艺术出版社，2006年1月，第123页，第66页。

[5]关于吴大羽出国前到上海的求学情况目前台湾及中国大陆方面出版的画集都持"向张聿光画师学习"的观点，如1996年6月台湾大未来画廊出版《中国新派绘

画宗师：吴大羽》及2003年11月上海教育出版社《吴大羽》。而1991年1月《中国大百科（美术卷）》及2005年6月天津人民美术出版社出版《中国近现代美术史》（阮荣春、胡光华著）持吴大羽就读于"上海美术专科学校"的观点。目前，笔者尚未找到吴大羽就读于上海美术专科学校的原始记载，因此本文持"向张聿光画师学习"观点。

[6]参见陈创洛整理：《吴大羽谈艺录》，《上海美术通讯》2002年第4期，第42页；吴崇兰：《无画的画家——我的小叔吴大羽》，《中外杂志》1992年第4期，第106页。

[7]陈抱一：《洋画运动过程略记》，《上海艺术月刊》1942年第5期。

[8]"张光宇是从15岁就在新舞台的京戏班里混,终于被布景师张聿光收为学徒，画了好几年布景。"郁风：《漫画：中国现代美术的先锋》，山东画报编辑部编：《历史上的漫画》，济南：山东画报出版社，2002年1月，第243页。

[9]参见李超：《上海油画史》，上海：上海人民美术出版社，1995年11月，第48页。

[10]"青年智育部附设'聿光图画函授部'，开办以来，成绩卓著。故报名者甚形踊跃,兹择于阳历元旦开第一届展览会一天，因会期迫促，远地学生，如青岛、南洋、山东、吉林以及交通不便等处，不及通知，现抵就近通知。寄来已有三百余帧，刻正在布置一切，届时想必有一番热闹也。"《聿光图画函授部图画展览会预志》，《申报》1920年12月25日。

[12][13][14][15]朱伯雄、陈瑞林编著：《中国西画五十年（1898—1949）》，北京：人民美术出版社，1989年12月，第228页，第227页，第227页，第227页。

[16]张敏在《晚清上海租界文人职业生活（1843—1900）》一文中提到《申报》是最先实行书稿给酬制度的。看来，这种具有现代性的管理模式不会只要求吴大羽仅仅只是进行漫画创作，他还必须参与文稿及其他一些事务。张敏：《晚清上海租界文人职业生活（1842—1900）》，马长林主编：《租界里的上海》，上海：上海社会科学出版社，2003年10月，第63页。

第三章

吴大羽油画作品

现存吴大羽油画原作并不多，有人认为四五十幅[1]，也有人认为110余幅[2]，且多为20世纪70年代末至80年代创作，是吴大羽艺术最为重要的组成部分。

这些作品多由台湾大未来画廊收藏，近年始在市场流通。如2013年秋季中国嘉德油画拍卖专场，"吴大羽京韵系列代表作《射戟辕门》以667万港币成交，创出画家同尺幅作品的最高纪录"[3]，并从市场的角度明确了其地位。"本次的一大亮点，便是对20世纪初期至今以'中西融合'为创作理念的艺术大师们，进行了一次系统性的学术整合。并以此为指导梳理出现代艺术以林风眠、吴大羽等艺术家领衔，赵无极、朱德群、吴冠中等艺术家承接，刘国松、庞均、王怀庆、洪凌、徐累等艺术家的再革新之路，这批作品无论在海外还是在内陆，均拥有相当数量的拥趸者，势必会成为香港拍卖场追逐的热点。"[4]此前，收藏家郭庆祥从市场的角度也指出吴大羽作品的艺术价值将逐渐被人们重新认识，并将在艺术品市场中占据稳固地位。"而长期被国内藏家认识和重视程度不够的现代艺术作品，如吴大羽、赵无极等人的艺术成就，已逐步被大家所认知和看好。对吴大羽的绘画艺术体系及其对中国美术教育的贡献要有重新认识。赵无极、吴冠中等具有国际影响的艺术家都是受吴大羽艺术思想的教育和启发。他们是中国第一、二代引进和吸收先进绘画理念，并与当时世界绘画思想同步的画家；同时他们又将

第三章　吴大羽油画作品

中国传统的文化精神内核和东方意境，带入了国际视野中，创造了各自独具个性和时代气息的绘画作品，他们作品艺术价值的再发现，将在艺术品市场中占据稳固地位。"[5]据此判断，吴大羽的油画作品还将在艺术市场上有一稳步上升的空间[6]。倒是学术界对其研究成果并不显著，从这点来看，学术研究明显滞后于艺术市场。

关于吴大羽油画作品存世情况，除台湾大未来画廊收藏外，在中国大陆及其他地区的专业艺术机构、私人也有收藏，只是为数不多。如《红花》、《色草》藏于中国美术馆，《瓶花》、《花》、《谱韵》藏于上海美术家协会，《花》藏于上海油画雕塑院，《谱韵》藏于美国海夫纳画廊，《春在》、《韵步》、《色奏》藏于吴崇兰。除原作外，我们还能依稀找寻到吴大羽刊发在各类期刊、画集的早期油画作品。就找寻到的文献资料与相关记载，以时间为序，将其创作或发表、展览情况整理如下：

创作或发表、参展时间	作品名称	备注：（参加展览及作品发表刊物等）
1927年	《风景》	参加1928年元旦首都第一届美术展览会作品之一；刊发于1928年《良友》画报。
1928年	《窗前裸妇》（又名《人体》）	后参加艺术运动社第四次展览；刊发于1934年《良友》画报。
1929年	《春》、《柳》、《倒鼎》、《新新旅馆》、《渔船》、《自画像》	《春》、《柳》、《倒鼎》、《新新旅馆》、《渔船》五幅作品参加艺术运动社第一次展览，《自画像》参加"首届全国美术展览会"。其中《春》刊于1929年《亚波罗》，同年，《北洋画报》影印本也刊发作品《春》。
1931年	《小儿》	刊发于1931年《良友》。
1932年	《女孩》	刊发于1934年《良友》。
1933年	《构图》	刊发于1933年《时代》。

创作或发表、参展时间	作品名称	备注：（参加展览及作品发表刊物等）
1934年	《人体Ⅰ》、《人体Ⅱ》、《沉思》、《风景》、《肖像》、《静物》、《汲水》（又名《井》）	除《汲水》外，作品参加艺术运动社第四次展览。
1935年	《凯旋图》（又名《岳飞》）、《陆皓东》	
1936年	《孙中山演讲图》	
1937年	《国土不容侵犯》（又名《血手》）	
1947年	《船夫曲》	
1948年	《回乡》	
1955年	《伏案少女》	
1956年	《镜中像》、《红花》	其中《红花》参加1962年第三届全国美展，并被中国美术馆收藏。
1958年	《东风草图》	

创作或发表、参展时间	作品名称	备注：（参加展览及作品发表刊物等）
1959年	《菊花》、《花》	其中《花》参加建国十周年上海美术作品展，并刊发于1961年出版的《上海美术作品选》。
1962年	《菜农》（又名《丰收》）	
1963年	《风景》、《女孩》、《花物》	
1964年	《向日葵》、《番瓜弄》	
1973年	《公园的早晨》	刊发于1982年《美术》。
1977年	《飞鸟》	参加上海市庆祝党的十一大胜利召开美展。
1978年	《滂沱》系列	《滂沱》系列的其中一幅，参加华东六省一市画展及1982年在北京举行的上海油画展，且刊发于1981年《美术》，发表时位置上下颠倒。
1981年	《芬芳》、《瓶花》	

创作或发表、参展时间	作品名称	备注：（参加展览及作品发表刊物等）
1983年	《婆娑》、《谱韵》、《彩奏》、《春在》、《韵步》、《色奏》、	《谱韵》由美国海夫纳画廊(Hefner Galleries)收藏；《彩奏》由汪嘉康女士收藏；《春在》、《韵步》、《色奏》由吴崇兰女士收藏。
1984年	《色草》	参加第六届全国美展作品，获优秀奖，并被中国美术馆收藏，同时刊发于1984年《美术》。
1985年	《速写》	参加1987年12月21日中国美术家协会油画艺术委员会、美协上海分会联合主办的中国油画展。
1987年	《谱韵》、《静物》	参加1987年4月1日中国美术家协会和美国GHK公司联合举办的"中国当代油画展"。
1995年	《花卉》、《静物》、《光与色》	参加1995年11月上海美术馆举办的"上海油画史回顾展"。
1996年		参加1996年1月台北大未来画廊举办"吴大羽师生展"，并出版《中国新派绘画宗师：吴大羽》个人专集；1996年《中国油画》刊有包括封面在内的吴大羽油画共计十二幅。另1996年8月2日，中国油画学会、台北大未来画廊于北京国际艺苑联合举办"吴大羽先生学术研讨会"。

创作或发表、参展时间	作品名称	备注：（参加展览及作品发表刊物等）
1997年		参加1997年5月台北大未来画廊举办的"杭州艺专师生联展"。
1998年	《谱韵/意想系列》	刊发于1998年《新美术》。
2001年	《瓶花》、《花》、《谱韵》	2001年3月台北大未来画廊主办的"吴大羽画展"于台北历史博物馆举行，并出版《中国油画开拓大师：吴大羽画展》作品集；参加2001年12月上海美术馆举办的"上海美术家协会藏画展"；刊发于《2001年上海美术家协会藏画作品集》。
2003年		2003年11月，为纪念吴大羽100周年诞辰，由上海市文化广播影视管理局主办，上海油画雕塑院、上海美术馆、台北大未来画廊承办，中国油画学会、中国美术学院、《美术》杂志社、上海美术家协会、上海大学美术学院、上海中国画院协办的"吴大羽油画艺术回顾展"在上海美术馆一楼大厅隆重举行，并召开吴大羽油画艺术研讨会；由上海油画雕塑院编辑的吴大羽作品集在国内首次出版发行。

创作或发表、参展时间	作品名称	备注：（参加展览及作品发表刊物等）
2004年		2004年《中国油画》再次刊登吴大羽油画作品。
2005年		2005年10月15日至11月6日，台北大未来画廊举办"吴大羽个展"。
2006年		台北大未来画廊艺术有限公司出版《吴大羽》作品集。
2007年		2007年11月17日至12月30日，台北大未来画廊艺术有限公司举办"吴大羽个展"。
2010年		台北大未来画廊艺术有限公司出版《吴大羽纸上作品》。
2013年		上海市美术家协会编《海派百年代表画家系列作品集·吴大羽》。

依靠这些有限的资料，大致可勾画出吴大羽油画艺术早、中、晚三个不同时期的艺术风格。在对其作品进行分期的同时，结合人生经历及创作思想分析其风格的变迁及所取得成就的原因，并指出其在中国油画史中的地位。

一、艺术分期

现在所能见到的吴大羽油画作品大多属于晚期之作及早期少量的印刷品。从特征看，作品前后的艺术风格差别较大。

1. 早期作品（20世纪20—40年代）：表现性的写实风格

基本上延续了他在留学巴黎时的艺术风格。作品以人物为主，手法趋向写实，画风明显受到印象派、后印象派的影响，特别是塞尚及立体派的表现手法在其作品中清晰可见，但其特有艺术面貌已经显露出来。

留学归来的吴大羽，重新踏上阔别的故土，心情舒畅，情绪高昂，加之身处西湖美景之境，自然催生出了许多的风景画。他的好友林文铮先生曾谈到他回国初期的创作及风格，"据我个人的观察，真可以称为中国色彩派之代表者，当首推吴大羽氏无疑。我相信凡是看过吴先生的作品的鉴赏家，都要受其色调之强烈的吸引而为之倾倒；就是和他对垒的画家虽不免隐含妒忌，亦不禁私下钦佩不已。

第三章　吴大羽油画作品

风景　画布油画　尺寸不详　1928年

春 画布油画 尺寸不详 1929年

颜色一摊在他的画板上就好像音乐家的乐谱变化无穷！西方艺术所谓'使色彩吟哦'，吴先生已臻此神妙之境。"[7]又"试看那幅描写里西湖的风景，不特结局极其苍老，而笔触之雄浑，色彩之丰富，尤有绝技。画中之新新旅馆高耸云霄，奄奄待熄之阳光尤闪灼于其巍墙之上，晦阴之处，透着层层灰紫之光。全幅的印象好像是默示人以富贵如浮云，欢乐如春梦飘忽莫测……"[8]林文铮在这篇文章中对吴大羽的油画评价很高，将之称为"中国色彩派之代表者"，同时提到不少吴大羽的油画作品，如《春》、《柳》、《倒鼎》、《新新旅馆》、《渔船》等。可惜，我们现在能目睹的就只有《风景》与《春》了。

第三章　吴大羽油画作品

窗前裸妇　画布油画　200 cm×300 cm　1928年

人体　画布油画　尺寸不详　20世纪30年代

构图　画布油画　尺寸不详　1933年

《风景》是吴大羽参加1928年元旦首都第一届美术展览会作品之一，这也是我们目前能见到的吴大羽最早的油画作品。此画曾刊于《良友》画报，[9]黑白印刷。现在来看，模模糊糊，但仍可感觉到他在用笔上的变化，时而用点，时而用线，跟印象派风格很相近，可能是描写西湖之晚秋。《春》参加1929年第一届艺术运动社展览，描写树荫下的一位缝衣女，注重窗前光影之变化，"阳光，绿叶，衣褶，红颜，无一不恰到好处。全幅的结构亦简单老到，用笔不似风景画之点滴而纯用长条或椭圆之色块，表现得潇洒豪放，颇有雷诺阿（Renori）之风趣。"[10]《窗前裸妇》（1928），裸妇正侧坐于窗前，向外探视。画面构图饱满，线条凝重有力，形体塑造及用色归纳概括，背光的深紫与受光的朱红形成强烈的对照反光的普蓝即刻画出

沉思 画布油画 尺寸不详 1934年

对象的外轮廓，又与背景颜色相协调。画风凌厉，色彩的表现张力发挥到极致，但此时形色还紧紧地融合在一起。画面给人感觉具有强烈的情感冲动，又有十分理智的成分。从《风景》到《春》、《窗前裸妇》等作品，"一年来吴先生的作风确是变更了许多：从前尖锐的笔锋而今强大起来了，从前的着色比较散漫，而今层叠得极其深厚结实而趋于综合了"。[11]同类题材的创作还有《人体》、

《沉思》、《构图》等。《构图》与塞尚的《浴女》系列有许多的相似之处，包括画面的构成、形象的塑造、色彩的团块感等。从这些作品中能看出他对欧洲古典艺术与现代艺术都进行相当深入地钻研，否则是画不出这么地道的油画作品来的。评论家们在评论其作品时十分强调他在色彩方面的天赋，他对颜色的自如应用，如普蓝。但从上述作品来看，其实他深得西方造型因素的要领，色彩也正是在这基础上展现出了张力。

小儿　画布油画　尺寸不详　1931年

《女孩》刊登于1934年《良友》第88期。以女儿为原型，画面几何形体的分割十分明确，但在主体塑造上不过分强化。虽然没有什么细节，眼、鼻、眉、嘴、手等都只是简略的一二笔，但女孩天真稚拙的形态却栩栩如生。没有《窗前裸妇》的大笔触，色彩对比也较柔和。深颜色的绿与明晃晃的黄构成画面的主色调，几块面积很小的橘红散布于画面的视觉中心与画幅的四周，把观者的视线引向边框，让人有一种温馨之感。从整体来看，具象的实在感与抽象的形式意味在这幅画中都能明显地体现出来，却又紧紧地融合在一起。尚存肖像画还有《小儿》（1931年）及《自画像》（20世纪20年代末）。

　　20世纪30年代，吴大羽创作了为数不少的主题性大型绘画作品，主题宏伟、气势雄强。如1934年《汲水》（又名《井》），五米高四米宽，"表现井边汲水、担水的人们，蓝绿色调，画面水桶、扁担纵横，好像此赤膊者居多，是生活的拼搏，是人间艰辛。每当我看到塞尚的大幅构图时，总不自觉回忆到冷暖对比强烈的《井》"[12]，"我们被它的气魄震惊"。[13]1935年创作的几乎是同一尺寸的《凯旋图》（又名《岳飞》），"画中岳飞身穿橘红色袍，旗帜是朱红色的，道旁跑着二位穿白色服的老夫妇来迎接凯旋的将军，天空微蓝的色泽划破了暖色一统的格调"。[14]1936年作的《孙中山演讲图》也是一幅巨作。但这些巨幅创作早已毁于战争年代，"未曾出版，连照片都没有留下，只留存在我们这些垂垂老朽的学生回忆中"。[15]从亲历者的回忆看，吴大羽在追求形式语言的同时更关注作品的主题与内涵的表达，更多地思考社会与人生问题，进而体现了艺术家的历史责任与文化担当，"羽师常和我们讲：'欧洲绘画是以人性、人道为基底，色彩是感人心灵的音符，形式是画面的重要框

第三章　吴大羽油画作品

女孩　画布油画　尺寸不详　1932年

架,但欧洲这些现代派绝非形式主义。像毕加索的《格尔尼卡》不是有着一定的社会价值和审美意义?'"[16]

《船夫曲》(1947年),"画面展现了线的流动感,色彩的装饰味,形象稍稍夸张"。[17]这幅仅存的20世纪40年代画作同前面提到的作品(20世纪20—30年代)有极大的反差——安详、宁静的情感完全让位于苦与痛、生与死的表述。扭曲的人形、痛苦的表情、躁动不安的斜线……无不反映出战争带给人们的灾难。

总之,我们现在谈论的这些早期作品大多只是存于印刷品,原作已无从寻觅。从题材看,风景画、人物画、肖像画、大型历史画等皆有,可见作者创作视野的开阔,并不局限于某一类题材,特别是在大型历史画方面足见作者坚实的造型功底与驾驭全局的整体能力。从风格来看,作品基本上延续了他在留学巴黎时的艺术风格,手法趋向写实,画风明显受到印象派、后印象派的影响,特别是塞尚及立体派的表现手法在其作品中清晰可见。对于这一时期作品的评价正如他的学

自画像 画布油画 尺寸不详 20世纪20年代末

生闵希文所言:"以后我们从谈话得知,羽师对这些早期作品有他自己的看法。他认为它们只是表现了眼目所感的东西,是视觉的产物,好的作品则是属于心灵的东西,要充满幻想和奥秘、对人生的冥想和彻悟。"[18]

2. 中期作品(新中国成立后——"文革"阶段):写意风格

形体的几何造型与团块关系有所弱化,作品开始出现东方韵味。以静物为主,包括一些任务创作,手法趋向简括、追求笔意,注重画面语言探索。

新中国成立后的吴大羽反而更难有创作的自由与空间,加之生活困顿,画材受限,油画作品与早期相比少了许多。此一时期的画作,大抵可分为两类:一为悄悄地进行艺术的独立探索,作品既不参展,又不示人;一为完成上海美协创作组所规定的创作指标或展览任务而进行的创作。前一类作品,离客观物象更远;后一类作品,相对比较老实。艾中信《油画风采谈》一文写道:"吴大羽的画风显得凌厉,若有咄咄之感。可惜近来不多作画,又不轻易将作品示人,故无法细致介绍。"[19]显然,"画风凌厉,若有咄咄之感"指的是吴大羽早期的作品风格。与他同时期的艾中信尚且不清楚,现在的我们更难知晓了。据闵希文的回忆看,虽然恶劣的外部条件所限,吴大羽还是悄悄地创作了一定数量的油画作品。"1949年到1969年的二十年间,能代表吴大羽风格的是挂在他家客厅墙上不为外人所知的一些非具象作品,先后约二十幅。现在我所能记得的仅是《伏案少女》、《镜中像》、《少女头像》等作品"。[20]对照台湾历史博物馆出版的画集《吴大羽画展》,从标题可找到《伏案少女》与《镜中像》这两幅作品,但从画面的表现手法与风格特征来看,更像晚期作品(20世纪70年代后期)。[21]倒是现藏于上海油画雕塑院的《花》更像中期作品。从画面的组合看,似乎是描绘了作者身边的物象且不大加以删减。画面居中是瓶花,而左边画的却是一盏台灯。这两件物品确实很难同时入画,虽然用笔及构成

伏案少女 画布油画 52.8cm×38cm

镜中像 画布油画 44.5cm×33.5cm

看起来还是和谐的。一挥而就，笔笔清晰可见，更像是素描中的速写。颜色似乎只有一遍，画布的底子还清楚可见，甚至有的尚未覆盖。联系当时的背景，应该是为任务而作的作品[22]，而上海油画雕塑院所藏的作品大都是吴大羽或交画或参加展览而留在那里的。如此看来，如果有更好的艺术发展环境，吴大羽艺术的成熟期将更快到来，其艺术也将达到更高的高度。

仅从其年表与作品标题的对照中，我们对这一时期的作品能确切地对上号的似乎只有两幅，一幅是《红花》，作于1956年；一幅是《菊花》，作于1959年。《红花》参加第三届全国美展（1962年），并被中国美术馆收藏，这可能是画家这一时期受到的最高殊荣。画面上，深蓝色布满空间，黄色小点隐隐约约透露出来，跃动的新嫩绿叶与红似火的花瓣交相辉映，使画面空间立刻活了起来，左右两边上方的线条分割，打破了花团的曲线，使红花显得绚丽多姿。更值得注意的是画下方椭圆形的花瓶，一笔勾出外轮廓，使其膨胀有力，而内形用非常高调的黄白色绘有游动中的鱼，身子平缓，尾部却有力一甩，动感十足，构成了整幅中最闪亮的一笔，有似中国的大写意。综观全幅，处处存在对比：红与绿、黄与紫、蓝与橙……而又不失整体与和谐。松动的笔意与跳动的颜色，可以看出作者着意于画面语言的探寻，而非对真实物象的描摹，理性的形体结构之分析让位于感性、情绪的表达。对明暗、光影的摒除，使色彩的表现充分显示出来，从而在审美上更加符合中国人惯有的欣赏习惯，又

红花 画布油画 81 cm×61 cm 1956年

第三章　吴大羽油画作品

花　画布油画　53 cm×38.5 cm

不失油画语言特色。仅从画面来看，我们简直无法想象此时的作者正深陷困境，唯一可以做出解释的是作者一刹那的"忘形"，面对画布与笔时，只有形与色，只有点、线、面，没有了"自身"的存在。如此，对艺术的理解体悟，吴大羽更为深刻了。不仅仅着眼于外在的形，更在意于画面的语言，因而更加自由、随意。《菊花》，黄色、蓝紫色、淡绿色、明晃晃的白色、凝重的黑色、少量的鲜红色布满画面,或以线的形式显现,或以色点跳跃,松散自如,错落有致。物体的形体益加模糊,但仍能加以辨明。色调轻松淡雅,线的表现力发挥到极致。弱化三维空间,笔笔写出,一气呵成,几类于中国画的"以书入画"。从这两幅作品,可以清楚看出作者这一时期的创作风格。外在因素弱化了,艺术语言更加纯粹,且意图找寻东方意味。在艺无中西的发展道路上,由以西画入手,遵循西画之规律慢慢转向中国式的

无题 画布油画 60 cm×48 cm

第三章　吴大羽油画作品

无题　画布油画　60 cm×50 cm

无题 画布油画 54.5 cm×39 cm

第三章　吴大羽油画作品

无题　画布油画　40 cm×30 cm

无题　画布油画　77 cm×61 cm

　　总之，由于特定的历史原因使这一时期的作品远离了主题性创作，以静物为主，包括一些任务创作。与早期相较，此一时期的作品更加流动，手法趋向简括、追求笔意，注重画面语言探索。从早期的重理性，强调分析转向了感性与随意性，从重体积重块面转向重平面化及追求线条表现力，色彩更加自由与浓烈，正在慢慢脱离旅欧学习的痕迹，渐渐抛弃了西方塞尚与立体派的造型用色规律与法则，而变得更具有中国写意画的意味。

第三章　吴大羽油画作品

无题　画布油画　77 cm×61 cm

菊花 画布油画 45.5 cm×32.5 cm 1959年

3. 晚期作品（20世纪70年代后期——逝世）：抽象风格

作品题材宽泛，逸笔草草，看似无所用心，实则开出心灵之花，无愧为中国油画抽象化之第一人。

"文革"结束时，已近耄耋之年的吴大羽身体异常瘦弱，而创造力却越来越旺盛，越画越年轻。仍以花为例，1984年的《色草》，在注重线的表现的同时加强了面的分量，灵动流淌中多了几分重量感，多了一些面的处理。由于这画刊登在《美术》杂志上[23]，吴冠中又在《评选日记》文章中特别提到了这幅画，"也许是师生关系吧，我特别留心吴大羽先生的《色草》，色与色的跳跃，花与叶的拥抱，虚与实的穿插，小小画图间岂容苍茫宇宙，作者云游何处？尊敬的老师八十岁了吧，多年不见，身体更衰老了吧！然而心脏和脉搏的跳动依然如此强劲，我深深感到欣喜，似乎又返回了四十年前的西湖艺苑"[24]，使之成了人们所熟知的为数不多的一幅吴大羽作品。对于这件作品，理论家邵大箴从美术史的视角更是给予很高的评价："那是一件小幅静物画，它的出现为展览会增添了清新的气息。展览会上许多主题性的大幅油画使人有点感到疲惫，而大羽先生的一幅小画别开生面，予人爽朗与惬意的美感。许多艺术家为大羽先生作品的亮相奔走相告，认为这预示着中国艺术春天的到来。其中特别兴奋的是曾经受教于大羽先生的吴冠中先生，他为之在不同场合激动地发

色草 画布油画 53 cm×38 cm 1984年

第三章 吴大羽油画作品

公园的早晨 画布油画 75 cm×70 cm 1973年

言和撰文,并借此阐述绘画形式的意义,一时间在美术界引起波澜。就此一件事而言,大羽先生对中国油画艺术的功绩也是值得人们记住的。"[25]

再早一点的作品《公园的早晨》,作于1973年。同样是风景题材作品,然而表现手法却同20世纪20—30年代的风景画相去甚远。有规则的点被疏松的线与面取代了,深度的空间转换成了形与色的并置,景物亦变得模糊而无法清晰辨认,只能凭感觉依稀地加以主观判断。有树,有花,有鸟,有天空,有云彩……不一样的观者可以有不一样的画面描述,甚至得到相反的结论。但色调是清新的、淡雅的、柔和的、宁静的,而这几乎可以给人一致的感受。凝视这幅作品,我们眼前似乎浮现出吴大羽清晨迎着晨曦在公园驻足的画面……这一作品在他一生的创作中是关键的,意味着经过多次的蜕变之后已初步形成新的风貌,即早期严格对景写生的造型完全消失了,中期注重线条的表现力仍然延续了下来,但画面更加丰富,离自然景物更加遥远而进入抽象化阶段。

此时期的风景题材创作还必须提到作品《滂沱》。朱膺曾著文《读油画〈滂沱〉》,为我们作了一番生动的讲解,但他所看到的只是《滂沱》系列作品中的一幅。其实,这一题材吴大羽连续作了三幅,分别表现了雨前、雨中、雨后三个不同情景。透过画面,我们似乎可以感受到狂风呼啸,大雨将至,一切都显得十分的慌乱,人们还未及迎接这场突如其来的大雨,窗户似乎发出噼噼啪啪的声响,树枝摇曳欲断;雨下得正猛,周围的景物在雨水中变模糊了,变得更加富有诗意,似乎风也不再那么大了,人们渐渐接受了这场大雨,心绪变得平缓多了,不再那么失

第三章　吴大羽油画作品

滂沱1　画布油画　54.5 cm×39 cm　1978年

滂沱2　画布油画　53.1 cm×38.3 cm　1978年

魂落魄了；雨似乎已经停了，经过了风雨的洗礼，景物变得十分的清新，树叶更加嫩绿，残留的水滴晶莹剔透，有如身上除去污垢，精神爽朗。一切又都恢复了往昔，一切又更加甜美。"此画乍看之下，好像随意挥写，漫不经心。其实却十分灵动自由，处处精心，匠心独运，独树一帜，若无深湛的艺术修养，决难达到如此火候。"[26]

第三章　吴大羽油画作品

　　长年的吐血使他的身体过早地衰弱,行动更加不便,视力也急遽下降,他愤怒了,画面有如闪电雷鸣,发出震耳欲聋的强音,笔触急剧旋转,形象怪异不可辨。与《滂沱》系列相较,同样是窗景,笔触变得恣肆纵横与狂乱,色调变得浓烈与粗重,不再和谐与安宁。现实就是这般的残酷与无情!他在同时间赛跑,他不屈服于命运的安排,他总是在说他是不会死去的,能给予他这种力量的只有绘画。1985年开始,他连手都拿不了画笔,每天只能躺在床上度过,他怎能

滂沱3　画布油画　52.8 cm×37.7 cm　1978年

无题 画布油画 53 cm×38.5 cm

无题　画布油画　53 cm×38.3 cm

不急躁,他怎能不愤怒!他常常对他的子女说他的脑子里还有许多许多的形象还没有表达呢!他是不甘心的。如此,越接近生命晚期的作品,情绪的爆发愈加明显。

除了《窗景系列》与《花卉系列》,吴大羽还作了《谱韵系列》。画中加入了古文物和京剧脸谱的形象,我们似乎又不难找寻到毕加索等西方现代艺术的影子。是中是西?亦中亦西?用他自己的话讲:"中西艺术本属一体,无有彼此。非手眼之工,而是至善之德,才有心灵的彻悟。"[27]

总之，此一时期作品所塑造的形象与客观物象相去甚远，甚至模糊不可辨认，进而达到了抽象化的阶段。在风格上，横涂竖抹，逸笔草草，看似随意，实则已经逾越了艺术形式语言，—超直入如来境；看似无所用心，实则开出心灵之花，一切无不合乎心源。这是艺术表现的大手笔，这是艺术修养的至高境界，这是老子"大道无形"的最好注解。至此，他达到了他艺术的理想境界，他坦然地言道："我是永远不会死的！"

无题　画布油画　53 cm×38.5 cm

第三章　吴大羽油画作品

无题　画布油画　53.2 cm×38.7 cm

二、艺术风格

　　如上所述，吴大羽早、中、晚三个不同时期的艺术风格前后差异比较大。如果说早期作品是其留学欧洲艺术风格的延续，中期作品是其恶劣环境下的妥协与抗争，那么晚期作品便是其一生荣辱与智识的爆发。三个阶段既有区别，又有联系——都属于现代主义艺术的范畴，追求创造者的主观感受及画面的形式语言。以历史的眼光看，特定的历史时期使现代主义艺术在中国几近绝迹，"1949年以后，现代艺术被视为资产阶级腐朽没落文化的代表……从那时起，中国大陆的现代艺术实验全部中断"[28]，这也使得吴大羽的油画艺术显得独树一帜。但，这只是一方面，更重要的是吴大羽晚期的油画作品代表着中国现阶段中西艺术融合的可能性与所能达到的高度。其油画艺术的特点，可概括为以下三个方面。

1. 以书入画

　　以书入画，通常用来形容与描述中国写意画，有两方面含义：一是强调将书法的用笔引入绘画；一是强调作画过程的书写性。

　　油画画材与中国画画材有着根本的区别。两者相较，一般油画笔以扁头、毛硬而短居多，油画布以具有一定纹理、

第三章　吴大羽油画作品

采韵　画布油画　52.5 cm×37.8 cm

无题　画布油画　37 cm×24 cm

厚实而不漏油为主；国画笔以圆头、毛软而长居多，国画纸具有棉、白、细、匀的特点，而且还要具有"发墨定笔"的特点（发墨指墨色在纸上生润有色，定笔指笔痕清晰）。油画颜料属油性材料，具有极强的黏性与覆盖性，不容易干透，还具有一定的塑形性，颜料可凸起于画布之上；国画颜料属水溶性画材，黏性与覆盖性较弱，容易干透。不同材料工具的背后更有文化语境与艺术理念的本质区别，进而形成了不同的表现手法与艺术追求。中国画，尤

第三章　吴大羽油画作品

无题　画布油画　53 cm×38 cm

无题 画布油画 52.9 cm×37.5 cm

其文人画，笔笔写出，讲究一气呵成；油画则多次覆盖，讲究色层。因此，人们用"笔墨"来对中国画进行归纳，用造型与色彩来对油画进行概括。

如何用中国画之法来改造油画，或者说中西艺术在油画中如何融合，其实在20世纪20—30年代便已有人进行多方探索与尝试。将扁头油画笔改造成圆头油画笔，在局部范围内直接使用毛笔，或者直接采用中国画的构图形式，在画面上题写书法等等。比较典型的

无题　画布油画　52.5 cm×38 cm

例子，当属第一代油画家王悦之（1894—1937）先生，他的油画尤其是人物作品常采用中国式的立轴构图，以油画材料在绢本上创作，线描与工笔重彩结合油画。有评论家称之为是"西画民族化探索的第一人"，评价甚高，但从其代表作品《弃民图》、《台湾遗民图》来看，作品尚缺乏油画所特有的语言，更多地让人感觉是中国画。

材料工具的转换与变通是一个方面，笔者称之为"油画的器物层面"，这方面仍可以继续探索与尝试，但如何从"油画的器物层面"上升到"油画的精神层面"，即在更高的精神层面上打通中西艺术的隔阂并使之融为一体，更应该是我们的努力目标与探索方向。吴大羽的油画艺术恰恰在这方面做出了表率作用，"以自己的丰厚的学养、坚实的功底，在油画东方神韵化上达到了炉火纯青的境界"，[29]并且超越了以往的艺术成果。吴大羽油画作品中的"以书入画"，首先表现在将书法用笔引入油画，进而极大地丰富了油画语言的表现力，从而使其作品具有中国气象。以《采韵》为例，画面中线条笔笔写出，起讫分明，不结不滞，不急不躁，上下映带，圆转有力，富有弹性，既不柔弱，也不轻浮，质量非常之高，中国传统书画用笔的"平、留、圆、重、变"等特点都能在其作品中找寻到痕迹。对于油画用笔，"他本人曾对邱瑞敏谈起：'马克西莫夫、苏派用笔比较概念，而中国画很重气韵，中国人在油画上也应该讲笔韵。'"[30]吴大羽不仅比他人更早意识到这一学术命题，而且一直身体力行探索着。作品中的书法性线条，长与短、疏与密、直与曲、聚与散等的不同

第三章　吴大羽油画作品

无题　画布油画　52.7 cm×37.9 cm

无题 画布油画 52.6 cm×37.7 cm

组合，不仅使画面层次丰富，而且充满了节奏与韵律，进而使画面充满生机与活力。这些书法性线条，是取物造形的手段，是形与色的分割，更是独立的画面语言，进而形成"有意味的形式"。

吴大羽油画作品中的"以书入画"，还表现在作画过程的书写性。油画讲求厚薄、肌理与色层，加之覆盖性强，因此，"油画艺术画工较容易，写不容易。写是中国的特长、工具、材料决定的。中国毛笔、水的材料在纸上容易放开，几笔下去，感觉丰实、单纯、强烈。这种在油画方面不容易做到"[31]，"可吴大羽先生做到了，和西方的'写'不一样，内涵丰富得多，耐人寻味，这是中国文化给予他的结果。看到原作，觉得特别有意思，很不一般，给我很大启示。确实，达到这种高度很不容易，必须有深厚的传统文化修养才行，即吸收了中国水墨文人画大写意的东西。他的精神和他的作品精神是一致的，抒发个人情趣，与古代文人的石涛、八大山人很像，吴大羽的创作是体现东西方结合和中国传统文化在现代发扬的一个非常好的范例，有很大启发性"[32]。虽然，"吴大羽的创作，总是反复构思，反复修改，不断锤炼，精益求精"[33]，但这丝毫不影响他的"以书入画"，因为每次的修改与锤炼，他都讲求气息的贯通、笔意的连贯。因此，吴大羽几近抽象的油画作品与西方的抽象画有着本质的区别，带有书法的用笔与中国画的"笔墨"精神，是"写"的艺术，故也被理论家称之为"油画文人画"。[34]

2. 势象之美

势象之美，是吴大羽所独创的美学概念，最早出现于1941年4月写给学生吴冠中、朱德群的书信，并在以后多有阐述。引他原话，"这势象之美，冰清月洁，含着不形质的重感，比诸建筑的体势而抽象之，又像乐曲传影到眼前，荡漾着无音响的韵致类乎舞蹈美的留其姿于静止，似佳句而予于其文字。"[35]不形质的重感，乐曲传影到眼前，无音响的韵致，并非自然的实指，而是艺术家面对客观物象所引发的心灵感应，类似于中国传统老庄哲学所言的"大象无形，大音希声"的境界。

"势"，是中国书画鲜活的生命与灵魂，其历史源远流长。书法方面，东汉蔡邕（132—192）《九势》云，"夫书肇于自然，自然既立，阴阳生焉；阴阳既生，形势出矣。……故曰：势来不可止，势去不可遏，惟笔软则奇怪生焉。"这里的势与自然阴阳相对应，又落于用笔。在绘画方面，顾恺之（346—407）在《论画》中提到"置陈布势"，"《孙武》大苟首也，骨趣甚奇，二婕以怜美之体，有惊剧之则。若以临见妙裁，寻其置陈布势，是达画之变也"，这里的势指画面的构图。此后，"势"在中国历代的书论、画论中多有阐述并具体应用于艺术实践。

"象"，中国画论中也早有论述。如，南朝宗炳（375—443）在《画山水序》中说："圣人含道映

第三章　吴大羽油画作品

无题　画布油画　98 cm×70 cm

无题 画布油画 53 cm×38.5 cm

物,贤者澄怀味象",这里的"象"指客体物象、审美对象。但是这客体物象与审美对象的"象",在文学及艺术创作中还需加以凝练与区别,并做进一步的转化,如荆浩(约850—?)《笔法记》所言,"度物象而取其真",才能"心随笔运,取象不惑",是故画论中有"物象"、"形象"、"意象"、"心象"等概念之区分。

  书论及画论中有"势"有"象",却无"势象"一词,画家吴冠中认为,"'象'与'势'之结合或默契,应是具内涵的抽象,立足于造型格律的写意"[36];画家周长江认为,应是"势"与"象"的复合之意,以势取象[37];理论家聂危谷则认为,由势生象(动态之意象)及与抽象性相通[38]。结合中国书画理论及吴大羽的油画作品,对于势象之美,笔者认为:(1)与笔势有关;(2)与取物造形有关;(3)与章法布局有关。笔势指笔线点画的势态,方向感、运动感以及呼应,顾盼,连贯性,明代顾凝远《画引》中说:"凡势欲左行者,必先用意于右,势欲右行者必先用意于左,或上者势欲下垂,或下者势欲上耸,俱不可从本位径情一往苟无根底,安可生发。"欲左先右,欲右先左,欲上先下,欲下先上,看似矛盾,实则合乎阴阳之道与辩证统一规律,进而"以笔之气势,貌物之体势"。在取物造形方面,中国书画创造出了超越时空的法则与图式,并且形成了"似与不似之间"的意象造型。它并非不尊重客观对象,完全弃客观对象于不顾,也并非照搬自然,以描摹客观自然外观为终极目标,而是强调在表现对象时主客体的统一，也即我们常说的"物我同一"或"物我相融"，与西方古典主义阶段的"镜像说"或现代主义阶段的"表现说"有着本质的区别。章法布局方面，取势是中国画章法布局的一个总体要求。势具有整体的性格，它的整体性是通过诸多局部的组合和诸多表现因素的有机联系来取得的。如果只追求局部的"势"而不顾及全局，这不仅不能取"势"，反而会失"势"。所以在中国画中历来追求起、承、转、合，讲究气脉连贯，首尾呼应，使整体作品形成一个有机的统一体。为了取势得势，中国画家在创作中往往一气呵成，并以全局整合局部。

除书法用笔外，将中国画取物造形及布局章法等法则应用于西画，是吴大羽油画艺术的又一个典型特征，正如其所言："无语符的书法和超形象的格局，是就时空的范围摆布下来的我的心理结构。"[39]作品中，西方现代绘画手法与中国传统绘画理念相结合，空间里的形，翻卷、重叠、并重、交错、聚集、扩散、封闭、开放、膨胀、收缩，极其松动与灵活又无一不恰到好处。这些"形"既不是纯然是客观外界物象，也不是主观无意识的随意妄想，而是用心感受之物，"要将外物吸进我的心中，再用心中的感受去画外物，要以情作画，冷冰冰怎么画得好？"[40]"西方绘画一直以来过于强调形式和真实的空间关系，而忽视了情感与想象的空间关系。吴大羽这种独特地处理空间的手法，似乎把这两种决裂和分开的空间处理方式巧妙地捏合在一起，它不同于西方世界的文化经验，而有着中国文化的内涵。"[41]这既是注定了吴大羽所能

第三章　吴大羽油画作品

无题　画布油画　53 cm×38.5 cm

无题　画布油画　81 cm×60 cm

达到的艺术高度，也是其对西方油画的贡献。

"更因为那寄生于符记的势象美，比水性还难于捕捉，常使身跟其后的造像艺术绘画疲惫于追逐的"[42]，势象之美的提出，"是吴大羽从美学根本上开拓了中国油画的未来发展的路子，使传统精神在现代转换中有所发展，并从方法论上阐明了心性表达的依据和把握"[43]。

3．飞光嚼采韵

飞光嚼采韵，沿于吴大羽晚年所作的一首诗。"余亦存余梦，飞光嚼采韵"，表明"飞光嚼采韵"是作者一辈子的艺术梦想与艺术追求。"飞光"，可做两种解释：一指飞逝的光阴，如南朝梁沈约（441—513）《宿东园》诗："飞光忽我遒，岂止岁云暮"；一指耀光，如南朝梁江淹（444 -505）《别赋》："日下壁而沉彩，月上轩而飞光"。"嚼"，有多种读音，笔者认为此处可解为吟赏、玩味之意。"采"，有认为采摘[44]，但笔者认为此处"采"通"彩"。"韵"，本是音乐学的概念，意指音乐的旋律、律动，在魏晋的审美性人物品藻中"韵"转化成评论人物之美的美学范畴。从齐梁谢赫开始，"韵"被应用于人物画的评论，后又被推广运用于书法、山水画及诗歌的评论中：作为人物画之最高追求的"气韵"，是通过艺术形象直观地表现出来的人物之美，这种美是人的生命力量和精神境界的某种形式的统一，概而言之，"气"偏于阳刚之力，"韵"偏于阴柔之美；作为山水画之最高追求的"气韵"，乃是以空灵素静的水墨形式，反映封建士大夫的淡泊精神。这种"气韵"的本质乃有某种超越的人格力量。总之，在中国美学范畴体系中，"韵"占有重要的地位，且在各个不同历史时期，有着不同的内涵及表现形式。如魏晋之"韵"玄远，齐梁之"韵"生动，宋元明清之"韵"冲淡，但总的来说，作为超越于审美对象诸个别因素之上的韵，体现了一种内向的审美意识，亦即在心灵世界中寻求生命存在的终极意义，寻求艺术的美与价值之所在。

　　光与色彩关系，是西方印象派的研究成果与对艺术史的重要贡献，今天，我们对客观物象的色彩分析也大体沿用这一方法。"飞光"，不仅有印象派所强调与追求的瞬间与转瞬即逝的"光"，而且这一提法比"光"或"外光"更具诗意。此外，联系书法中"飞白"一词（"飞白"是指在书法创作中，笔画中间夹杂着丝丝点点的白痕，且能给人以飞动的感觉，故称其为"飞白"）[45]，"飞光"包含更多美学内涵。虽然，"韵"一词由来已久，但中国画论中无"采韵"一说。结合吴大羽的学识背景与油画作品，笔者认为，"飞光嚼采韵"是其经由印象派色彩而入后印象派色彩，再到用中国美学消化吸收西画色彩的理论归纳与升华。其实，早在年青时代，吴大羽油画便以色彩取胜——以色彩为其情感的表白，并被称之为天才色彩派作家——"中国色彩派之代表"。如果说，早期作品中，呈现出典型的塞尚及立体派样式——平面几何构架、镶嵌色彩分割和硬边分面切线，那么中晚期作品，特别是晚期作品，塞尚及立体派式谨严几何构架已被解构，硬边色彩分割也被笔短意连的书写性笔触消解，一变而为强调笔墨韵味，进而营造氛围、情境，乃至意境的"抒情抽象"。在吴大羽晚期作品中，以韵统摄全局，在方寸之间计白当黑，并且惜墨如金，画幅上还留有不少的白底，这些作品带着跳跃的点划，带着闪烁的色彩，带着飞白笔，带着笔痕，带着生命的诗性与虔诚，笔墨氤氲，墨色淋漓。"吴大羽把最有感性因素的色彩与中国诗性的韵味结合起来，这种韵意全在色彩整体的格式塔原则中，通过笔触的节奏、刷、拖、勾、勒、染、叠加、透、交织、塑造、交叠、扫泼、淡的流迹、厚的原色等等技法形成时空链接韵律，这是一种撞击人心的色彩交响，这整体的光色旋律会久

第三章　吴大羽油画作品

无题　画布油画　75.8 cm×53 cm

无题 画布油画 53 cm×38.5 cm

第三章　吴大羽油画作品

无题　画布油画　44 cm×33 cm

无题　画布油画　78 cm×57 cm

无题　画布油画　52.9 cm×37.7 cm

久地在观赏者的视觉中震荡。"[46]

  以上三个特点，相辅相成、浑然一体地融合于画面。以书入画主要强调笔触与笔意，势象之美强调取物造形与布局章法，飞光嚼采韵强调色彩与意境。其中，以书入画是根本，势象之美在此基础上得以彰显，而飞光嚼采韵是其升华。诚如陈创洛在2003年上海美术馆举办的吴大羽油画艺术研讨会所言："豪宕如飞的笔触，极单纯又极绚烂的色彩，不知为何物又觉物物可拟，一片生机勃勃，使人亢奋不已。"[47]

三、艺术风格的成因

从"表现性的写实风格"到"写意风格",再到"抽象风格",其油画艺术生动地演绎了中西艺术融合的可能性与创造性,代表着中西艺术融合的最新成果,无愧于"中国新派绘画宗师"之称谓。风格的变迁及所取得的成就与其学术素养、艺术思想及早期学艺经历等有着紧密的关联。[48]

1. 追求创新的艺术思想

早在留学法国阶段(1922—1927年),吴大羽就开始追求创新的艺术思想。当时的法国画派纷呈,充满生机与创造力,既有着眼于绘画外部形态的革新,又有着眼于绘画本体语言的变革。吴大羽在进入巴黎国立高等美术学院学习的同时,不是仅仅满足于学院教学,而是自发到博物馆及相对自由的研究所学习,以毕加索、马蒂斯等现代艺术家的创造精神为榜样,崇尚艺术创新。应该说,这种艺术思想从他的赴法求学阶段一直贯穿到他的晚年,并不曾因为动荡的时局及特殊的政治环境而发生丝毫的改变。当面对美国海夫纳画廊(Hefner Galleries)代表的提问"您认为艺术的最高境界是什么"时,84岁高龄的吴大羽答道:"创造发明才是人生的自由。"[49]这也是他的油画艺术独树一帜、光彩照人的原因之一。

第三章　吴大羽油画作品

无题　画布油画　76 cm×52.8 cm

无题 画布油画 38 cm×52.8 cm

2. 融合中西的艺术追求与中西兼备的艺术学养

同样，在留学阶段，吴大羽也已初步确立了融合中西的艺术追求。留学期间，除了刻苦与主动地进行学习外，吴大羽还积极地参与组织艺术团体及相关展览，这为他融合中西艺术思想的形成起到了关键的促进作用。如参与组织"霍普斯会"，促使吴大羽不仅注重技巧技法的学习，还注重美术学理之研究。又如参加法国斯特拉斯堡莱茵河宫的"中国美术展览会"，吴大羽不仅与蔡元培先生结识，而且开始受到蔡元培学术思想的深刻影响。更重要的是通过这些活动，吴大羽与林风眠、林文铮等走到了一起，这群年纪相当、志同道合的艺术家以他们的才华与智慧共同践行"调和中西艺术，创造时代艺术"的艺术梦想。虽然，日后时局变化，但吴大羽始终并未放弃或中断这一艺术梦想，他一步一步地践行着这种艺术理念，作品也依此发生蜕变，一步一步地呈现"中西融合"的艺术风貌。

有着融合中西的艺术追求，还必须要有中西兼备的艺术学养。在传统文化方面，除家学渊源外，吴大羽从小勤习古文书画，不仅擅于书法，而且精通诗词音律，坚持写诗。"吴先生熟读古诗词，他告诉我们他写过不少诗，但都是给自己看的。他说：'要从画外找力量，特别是要提高对诗词和哲学的修养。如果有下世,我不再画画,我要做诗人。画终究要受时、空的影响,而诗与音乐是时空统一的。画的意境也不及诗的深度和浓度。'"[50]在西画方面,吴大羽深得西方艺术精髓,特别是借助对塞尚的研究,使其得以打通古典艺术与现代艺术的壁垒。"朱德群指出:中国艺术家对现代艺术的误读,关键在于不懂塞尚。而吴大羽早年讲解现代艺术最重视引导学生理解塞尚。因此朱德群到法国很快领会了现代艺术精髓所在,为其日后转向抽象绘画打下了坚实基础。吴大羽自己同样受益于塞尚。"[51]此外,在色彩方面,"从艺术史上看吴大羽是当时的佼佼者,亦是今天的领先者"。[52]

3. 独立的艺术人格

吴大羽最可贵的品质是其对艺术追求的始终如一。尤其是新中国成立后,现代主义艺术被视为资产阶级文化的代表,"非具象作品在当时不仅不被艺界赞赏,还要受到严厉的批评。羽师一向谨小慎微,敢冒如此大的风险画这些作品,足以证明他对艺术的热爱到了不顾自身安危的程度"。[53]"我觉得吴大羽先生的画里确实有一种精神力量和一种理论支持着他,他没有像有些老画家那么摆来摆去。可以说他的画基本是一个统一的面貌,可以看出他画里的精神性是由人格决定的,这种人格也是我们应该学习的。"[54]正是源于独立的艺术人格,他才在狂乱的现实面前保留其真,这也使他的艺术得以超越时代。

在中国现代绘画史缺失数十年的吴大羽艺术,将

第三章　吴大羽油画作品

无题　画布油画　52.8 cm×37.7 cm

随着时间的推移得到更为清晰的显现，并对中国现代绘画史的重新书写及现代绘画的发展走向起到重要的启示作用。

　　"我一生为唯不肯糊闹，以至于此。这是我画的正经，我加重的说，这是我体验来的正经。"[55]

145

注 释

[1][12][15][42]吴冠中：《吴大羽——被遗忘、被发现的星》，上海油画雕塑院编：《吴大羽》，上海：上海教育出版社，2003年11月，第26页，第24页，第24页，第26页。

[2][37][43][44][46][52]周长江：《中国现代油画的开启者——吴大羽》，上海市美术家协会编：《海派百年代表画家系列作品集——吴大羽》，上海：上海书画出版社，2013年7月，第1页，第11页，第11页，第13页，第12页，第12页。

[3][4]本刊记者：《首次推出夜场及油画拍卖——中国嘉德香港秋拍十月初揭幕》，《上品》2013年第10期，第82页，第85页。

[5]郭庆祥：《吴大羽体系艺术价值的再发现》，http://news.xinhuanet.com/shu.

[6]这方面的论述还可参见韩劲松：《油画市场行情九问》，《中国美术》2014年第5期，第141页。

[7][8][10][11]林文铮：《色彩派吴大羽氏》，《亚波罗》1929年第8期。

[9]《良友》1928年第23期，第17页。

[13][14][16][17][18][20](53)闵希文：《心灵的彻悟——忆中国油画第一代垦荒者吴大羽》，上海油画雕塑院编：《吴大羽》，上海：上海教育出版社，2003年11月，第33页，第33页，第32页，第33页，第33页，第34页，第34页。

[19]艾中信：《油画风采谈》，赵力、余丁编著：《1542—2000中国油画文献》，长沙：湖南美术出版社，第1051页。

[21]可能标题与作品之间不是对应关系。如同样是《镜中像》这一标题,上海市美术家协会编的《海派百年代表画家系列作品集吴大羽》与台湾历史博物馆出版的画集《吴大羽画展》指的并非同一幅作品。

[22]当时上海美协成立创作组,要求完成创作指标。参见李超:《上海油画史》,上海:上海人民美术出版社,1995年11月,第156页。

[23]《美术》1984年第11期,第33页。

[24]吴冠中:《评选日记》,《美术》1984年第11期,第18页。

[25]邵大箴:《背负艺术十字架的人——纪念吴大羽先生》,《装饰》2004年第1期,第8页。

[26]朱膺:《读油画<滂沱>》,《美术》1982年第6期,第8页。

[27][35]吴大羽:《谈艺录》,上海油画雕塑院编:《吴大羽》,上海:上海教育出版社,2003年11月,第20页。

[28]水天中:《中国绘画史上的现代艺术实验——在中国油画现代性研讨会上的专题发言》,《美术研究》2008年第1期,第25页。

[29][31][32][34][54]张祖英、方山整理:《历史是公正的——吴大羽先生学术研讨会纪要》,《油画家》1996年第4期,第4页,第4页,第2页,第2页,第3页。

[30][41]金临:《吴大羽绘画研究——关于中国现代美术中"诗性绘画"的问题》,上海大学博士学位论文,第37页,第52页。

[33]沈柔坚:《大智若愚吴大羽》,《文汇报》

1997年6月11日。

[36]吴冠中:《吴大羽现象》,《文汇报》1996年10月30日。

[38][51]聂危谷:《未能忘却的纪念》,《民族艺术》2008年第2期,第76页,第77页。

[39]林天民、耿桂英编:《吴大羽纸上作品》,台北:大未来画廊艺术有限公司,2010年9月,第425页。

[40][50]王慕兰:《往事如歌——与柔坚相依相伴四十五年》,上海:上海画报出版社,2003年1月,第117页。

[45]宋黄伯思《东观余论》记载:"取其若丝发处谓之白,其势飞举为之飞。"在书写中产生力度,使枯笔产生"飞白",与浓墨、涨墨产生对比,以加强作品的韵律感和节奏感。同时可利用"飞白"使书写显现苍劲浑朴的艺术效果,使作品增加情趣,丰富画面的视觉效果。当然书法的功力在"飞白"中也能充分体现出来。在中国画中,"飞白"是中国传统艺术观中虚实相济的典型表现。

[47]季晓惠:《"吴大羽油画艺术回顾展"暨学术研讨会在上海美术馆举行》,《美术》2004年第4期,第93页。

[48]此部分内容可参见第一章"吴大羽的生平"及第六章"吴大羽艺术创作思想",故此处从略。

[49]陈创洛:《"海夫纳"代表访吴大羽》,《中国美术报》1987年第30期。

[55]吴大羽文稿,其家人收藏,李大钧先生提供。

第四章

吴大羽书法与纸上作品

在现存资料中,吴大羽书法与纸上作品无疑是进一步解读其艺术与人格的重要部分了。

一、书法作品

20世纪初期,西方钢笔陆续输入中国,并在沿海城市设点经销,但当时价格昂贵,只有官吏豪绅和洋行买办们才用得起。直到1928年,中国第一家自来水笔工厂在上海创办,钢笔作为寻常百姓的书写工具才开始慢慢普及。因此,生于1900年前后的那代学人从小学文习字时仍手握毛笔,以毛笔作为日常的书写工具,他们整体所达到的书法高度是当下我们所望尘莫及的。

故在存世文稿中,还可见到吴大羽的书法,虽然这种日常书写行为与我们现在所称呼的书法艺术有一定的区别。据其家人介绍,吴大羽幼时学书以《初拓郑文公碑》入门,十几岁时就能给人家书写对联了。此外,吴大羽写一封信至少要废掉三十页信笺,稍不如意就撕掉重写。这种对书写的严格要求近乎苛刻,在本质上暗合了对书法艺术内在精神的追求。当我们看到的一气呵成的油画作品时,能想起这之中隐藏了作者多少的执拗与艰辛否?

这些文稿,目前暂时保存在百雅轩李大钧手里,计

第四章　吴大羽书法与纸上作品

50多万字，既有与他人信件往来，又有类似于日记式的文字记录与内心独白，因此蕴含着丰富的文献信息。如书予吴冠中、赵无极、朱德群、闵希文、丁天缺、庄华岳等学生的信件，言语之间可见浓厚的师生情谊外，更体现出吴大羽的艺术追求及对艺术教育的思考；书予林风眠、林文铮、吕凤子、孙福熙、程鸿寿、李风白等的信件，体现了吴大羽与同道中人的日常生活往来及交友圈子。而不同时期的日记式文字记录与内心独白，是其内心情感与思想变化的真实流露。倘若结合其生平加以解读，我们更有深刻感触。如，1950年遭解聘后，吴大羽书"自落低微"及"蠢话已说尽，所余止一言。此后慎缄口，默默送流年"等字句以自醒，慎独自励。

从书写风格看，虽然吴大羽在绘画上强调创新、创造，追求"无语符的书法和超形象的格局"，但其存世文稿所体现出的书法却属传统一脉。除"自落低微"及"富贵不能淫，贫贱不能移，威武不能屈"等为数不多的作品为楷体外，其余大部分书信为行楷或行草书

蠢话已说尽　约1950年

151

体。"自落低微"与"富贵不能淫，贫贱不能移，威武不能屈"两作品，虽书写时间相差近20年，但字体与笔法差异不大，其楷体与颜体较为接近，以中锋落笔，注重笔意的转承顿挫，结体饱满，但横笔与竖笔粗细变化不大，给人沉着厚重之感。而其行书即使在同一时间段书写，却风格差异较大。如同为1940年的两封信，除对章法与布局的共同讲究外，一封（《致吕凤子书》）落笔方硬，笔势雄强，讲求顿挫；一封（《致应广藾书》）落笔含蓄，笔势俊秀，讲求圆转。这可能为吴大羽精通多种书体之故，进而在同一书体中有不同的表现手法；也可能是行书更适合作者精神情感的流露，进而在日常书写习惯中也会有大的反差。这也使得同一个字在不同上下文中有多种不同写法，如"之"字，或恣肆飘逸，或率意随心，或放或收，任其天成，点横撇捺无一相同。

清朝末期，虽碑学在书坛上占了主要地位，但帖学与碑学互溶，即以学帖为主的书法家兼学碑学，而碑学书法家也兼容帖学。上述两封信也可看出吴大羽书法上兼有碑

无花果树　约1970年

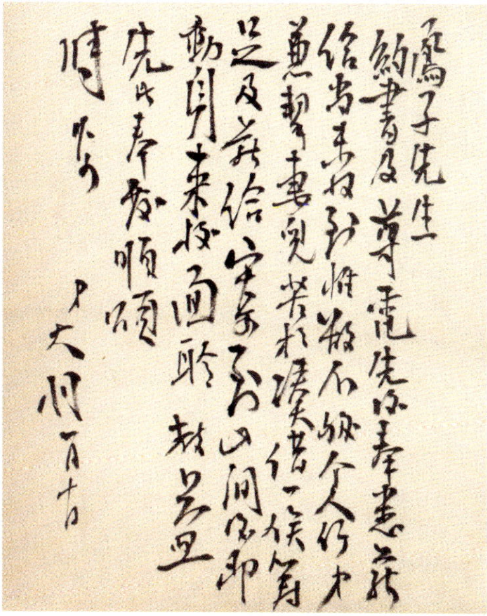

第四章　吴大羽书法与纸上作品

致吕凤子书　1940年

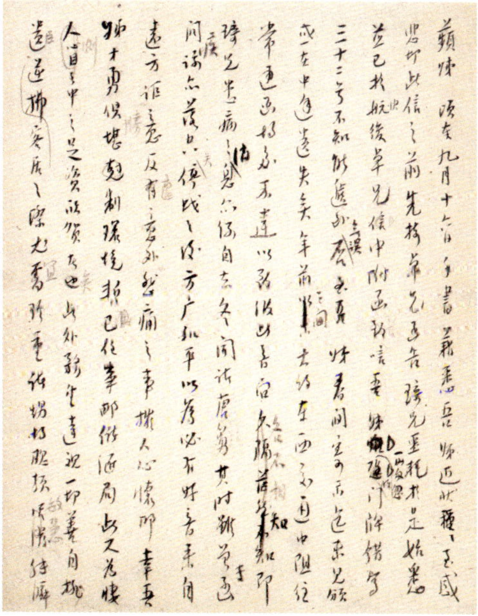

致应广蘋书　1940年

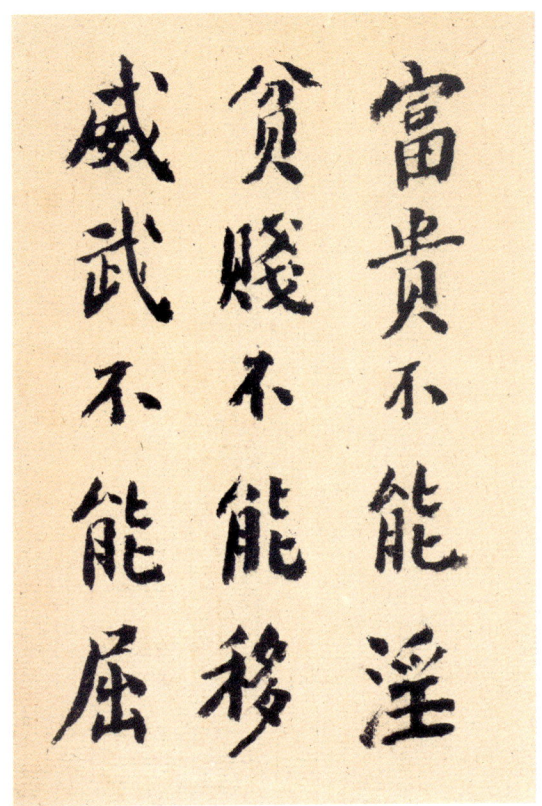

富贵不能淫　约1970年

学与帖学两方面特点。

　　吴大羽经常将书法与绘画并举,加以比较,"书道,画道,同归于道,书道不能概括画道;要相通、并列"[1],认为书法在艺术上的追求虽甚隐晦,似无关切于眼前物象,但确是发挥形象美的基本,属于

第四章　吴大羽书法与纸上作品

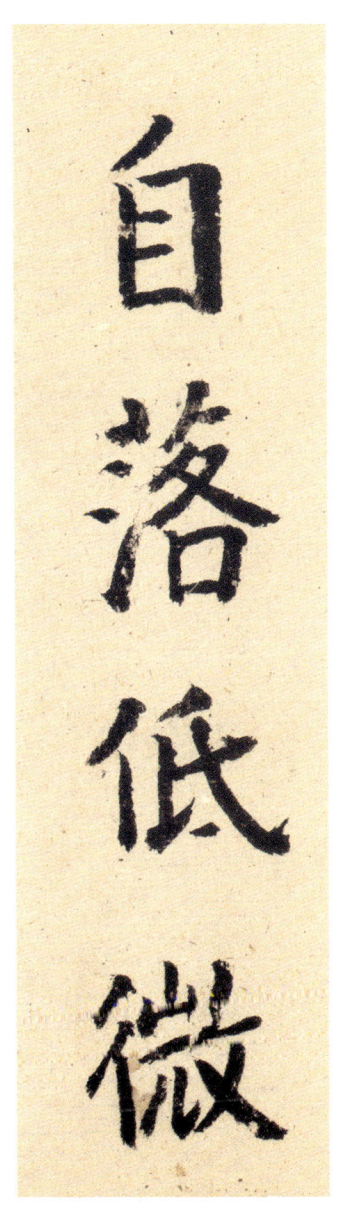

自落低微　1950年

精练的高贵艺术。他同时又谈到书法又缺少绘画另一面的要素，即画眼观，也就是绘画上必需的画境[2]。书法对其绘画创作影响是极其明显的，"此东方式的线条功夫尤其可以在他20世纪70年代之后的作品中明显见到，诸如花、鸟、人物、天空、窗、云彩等不定型物象，其造形与空间的处理相当暧昧，他仅在色调接近的块面上画黑线条，以暗示不同的层面的空间，如果没有具备精炼而自信的书法功夫，是不可能达到此绘画造诣的。"[3]正是由于对书法的研习，吴大羽不但能够系统掌握了书法用笔的奥妙，更深刻体会了艺术的精髓，力图把印象派的光影、立体派的结构、书法的用笔与取物造形及中国传统文化的审美观结合起来，开创一条融汇中西的现代绘画之路。因此，研究吴大羽艺术，不可废弃对其书法的研究。

"作为油画家，能有如此好的文笔功夫、书法功夫，能有如此全面的旧学根底，不能不让人感动与感慨，心生敬意。"[4]在集书法艺术价值与史料研究价值于一身的"名人手稿信札"已被收藏界视为新领域的今天，存世文稿构成了吴大羽艺术不可缺失的一环。

致吴冠中、朱德群、闵希文书　1941年

无极景兰：

人生永俦似一首没可有名的诗篇，慢提起这回惊'惊',河光辉让临,精橇都给你夫还亲如去,那用反会怕童你敝作之源泉,而为使你移临必失皆亦住.无论後俦笔底已减雲我人眼前的足您之说临,或已巴发更另所听比实点种鲜美涤洁吧,而杨多自跟卖再略,而说这周愿是种下面毒实己状痛寒,人旦久一習扎嗣陈馆炮皾练而美史自现明朗灸暗的甘蕉,一层故弥慢却教话一空新怪若笞例 反掩蓋兰藏满他動

我你不畫而古达孔雲然,然後失的而舍赘. 精押与他的杨琍心起别的什麽 敝教事業以成說,是另一件事.

人没王继畫也方好我找不出,但她畫把稿有多少筆 墨根挣之痕,吴紉,诗`言或畫之意,生每库画子的作怎,上俊都连萚和隐粒若看的这層足起美不折, 我含拼的文糢送清,但臺,折项春初一雲月花树的清目

二、纸上作品[5]

2010年9月,台湾大未来画廊出版《吴大羽纸上作品》上下两册,共收录作品1555幅,使其纸上作品得以较完整的面貌呈现于人。之前的吴大羽画集也曾刊有纸上作品,但大多数量少且不作为介绍重点。如果从作品数量上看,这一千余幅的纸上作品在现存吴大羽作品中占了绝大部分,是其存世作品的主体。

1. 吴大羽纸上作品内容与形式特征

(1) 人物、风景、静物皆有,题材广泛

吴大羽纸上作品题材十分丰富,人物、风景、静物皆有,甚至日常生活中目之所及的形象皆有涉猎。以人物为例,从描绘对象的数量看,既有单个人物,又有双人、多人组合;从描绘对象的身份看,既有工农兵、知识分子形象,又有领袖形象;从描绘对象的氛围看,既有火热的劳动场面,又有和谐安详的日常生活情景;从形象的来源看,既有源于客观的外在形象,又有源于中国古代及西方当代艺术造型的形象。

(2) 形象大多介于具象与抽象之间

从《吴大羽纸上作品》看,其所塑造的形象既有如

第四章　吴大羽书法与纸上作品

无题　墨、纸　18.5 cm×20.5 cm

实反映客观物象的具体形象（这部分以素描作品为主），又有与客观物象相去甚远、模糊不可辨认的抽象形象，但大部分的形象介于具象与抽象之间。当然，对于这类形象的辨认，常常会因人而异。

（3）用笔肯定、简括，手法不拘一格，注重形式语言的探索

无论具象、抽象还是介于具象与抽象之间的作品，吴大羽作画用笔肯定有力，画面形象简洁、概括，手法不拘一格。同时注重形式语言的探索，这在不同的作品中有不同的侧重点，或点的跳跃，或线的灵动，或面的厚实，或点线面的穿插组合所形成的气象万千的变化。

无题　墨、纸　26.5 cm×9.5 cm

无题　墨、纸　26.5 cm×19.5 cm　　无题　墨、纸　26.5 cm×19.5 cm

（4）追求画面的平面构成与色彩构成

吴大羽绝大多数的纸上作品剔除明暗光影与立体塑造的造型手法，强调线条的分割及画面的平面构成；同时摈弃印象派色彩的用色规律，采用平涂与并置的手法处理色彩前后空间关系，注重色块面积与比例的大小，追求画面的色彩构成。

（5）作品尺幅小且几乎无标题、署名及日期标注

总的来看，这批纸上作品的尺幅都不大。虽然规格多样，但都在29.5×25.5厘米以内，其中最大边长为29.5厘米，最小边长为7.2厘米。此外，这批作品几乎既无标题、又无作者署名及作画日期，因此只能以编号的形式加以区别。

（6）强调画面张力

作品的尺幅虽不大，但画面大多张力十足。看似或轻松、随意、漫不经

心,或沉重、凝练、苦心经营,画幅最终形成向外扩张或向内凝聚的视觉张力,从而给人尺幅小、气魄大之感。

(7)多种材质的综合实验

这批纸上作品材质多样,如从工具材料看,可分素描、蜡笔、色笔、水墨、水彩及综合媒材等。其各部分所占总数的比例如下:

作品材质	素描	蜡笔	彩色水笔	水墨	水彩	综合媒材
作品数量(件)	118	1214	76	49	13	85
所占比例	7.6%	78.1%	4.9%	3.2%	0.8%	5.5%

2. 吴大羽纸上作品与人生及艺术创作历程

这一千余幅的纸上作品只有两幅画作有标题,一为《男孩》,另一为《回乡》。参照吴大羽年表[6],只有《回乡》可以确定作于1948年。除此之外,由于既无标题,又无日期标注,绝大多数作品很难确定具体的创作时间。但从题材、手法、形式语言及画幅的尺寸、材料工具等方面综合判断,并结合其家属的回忆,"在父亲最后的十年里,即使躺在病床上,他仍旧勤于作画不辍"[7],笔者认为,这批纸上作品创作时间跨度应该

回乡　水彩　19 cm×10.5 cm

第四章　吴大羽书法与纸上作品

男孩　水彩　29.3 cm×23 cm

无题　复合媒材、纸　19 cm×13 cm

无题　复合媒材、纸　19 cm×13 cm

比较长,其上限至少可推断为1948年,下限为1987年。在长达三十余年的时间中,吴大羽从不曾放弃对纸上作品的坚持与实验,即便在风雨飘摇,甚至连人身的自由也得不到保证的环境下。因此,这些纸上作品可以较完整地反映出吴大羽艺术创作上的心路历程。

在各种不同材质的作品中,从描绘的内容及手法看,素描作品类似于为创作需要搜集素材的速写,比较老实,且带有明显的时代气息,如工农兵形象、生产劳动场面、建设工地等典型的时代特征。联系时代背景,这类作品应该大多是20世纪50—70年代作品。画面形象概括有力,线条洗练简洁,注重体块与动态关系,力求笔笔到位,但与他20世纪20—30年代作品相较,比较生硬、拘谨,看不出个人才气。虽然,吴大羽在1950年9月被中央美术学院华东分院[8]开除,但他始终无法脱离当时的政治与社会生活,接受了一系列的改造,不管主观上是否愿意,如"1958年曾与赖少其、林风眠、关良、陈烟桥、邵克萍等十余人到上海东郊同民生产合作社参加劳动"。[9]而一系列的政治运动及劳动改造对其身心及艺术创作造成了一定的影响,"知识分子'人格面具'与内心经验之间的分裂达到相当程度。"[10]

相较素描,吴大羽蜡笔画创作的数量最多且前后持续的时间最长,因此更能体现他的个人才智及对艺术的思考。吴大羽最初选择蜡笔这一简单方便作画工具的直接原因可能是恶劣的外部环境及匮乏的物质条件。因为这一工具花费既低,又简单、方便、快捷,不

无题 复合媒材、纸 14.8 cm×10.4 cm

无题 复合媒材、纸 26.5 cm×19.5 cm

第四章　吴大羽书法与纸上作品

受空间、时间的局限，可随时随地创作，具有极好的隐秘性，我们如果将它与油画媒介对比的话，这种好处更加明显，"去访问他的客人，在敲门之后总是要等待一会。出现在客人面前的吴大羽，永远端庄整洁，俨然'洗手不干'已有多年"。[11]在风雨飘摇的年代，他靠着这小小的蜡笔来捕捉艺术灵感及保持着对艺术的创作状态。此外，除外部因素，吴大羽对

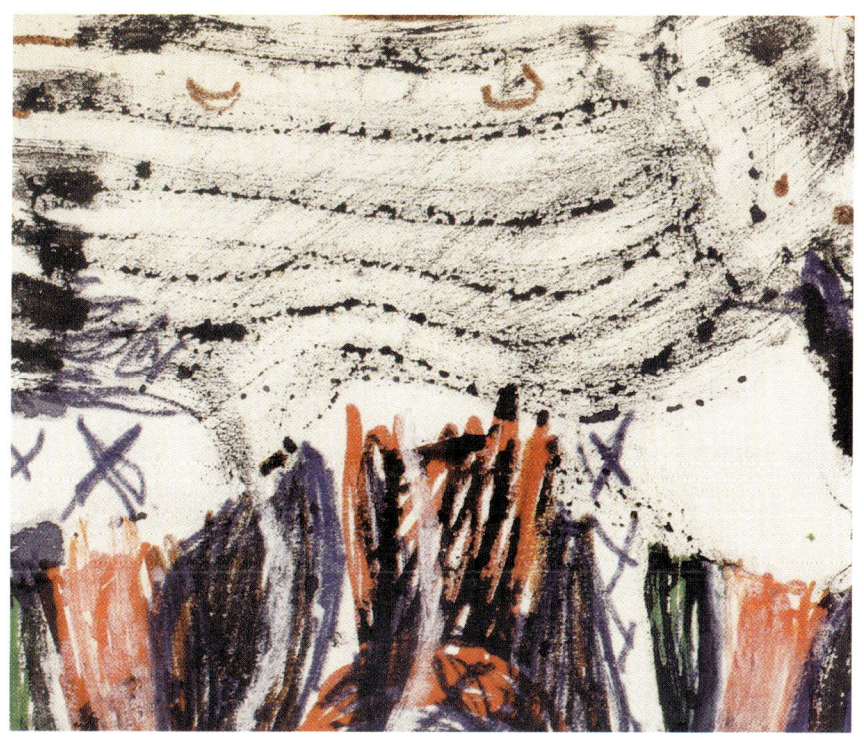

无题　复合媒材、纸　8.2 cm×10.5 cm

蜡笔工具的选择也有着自己的艺术思考，认为"蜡彩之突出渲染细描，叠层加工，复衬比应，来居先操纵，说明这一工具之于敏感范畴是夺变、力定、强速作用上"，喻为"心目吐彩新工具"，进而将之上升到道的层面，"每一种工具之用，包括蜡彩，在艺术上，看来都有其专工点，又存其运用展开的自如性。其器之利钝，既不能悖乎技道活动间的通守位置，又必从而张弛于自然到人生中的无边道技思量"。[12]

从其家人处得知，吴大羽在20世纪50年代至60年代中期创作了为数不少的蜡笔画，并且十分珍惜，每一张作品都以编号的形式加以精心保存。但即便是这种极好隐藏的蜡笔画仍旧被抄走，至今不知所踪。[13]当我们黯然神伤于画作的丢失之时，不免也能清晰地意识到吴大羽所绘这批作品并非信手涂鸦，而是用它来探寻点线面等画面语言的独立性与可能性，这些练习无疑是他日后艺术变法的前奏。特别在我们惊诧于其后期"飞光嚼采韵"的油画作品时，不妨回头看看这些蜡笔画。在大搞阶级斗争的特殊年代，当几乎所有人高昂地歌唱革命歌曲并竭力制作符合革命形势要求的作品以求博得四处喝彩时，吴大羽却躲在自己的内心深处，背负着"对抗'社会主义现实主义革命文艺'的罪名"[14]，咯着血偷偷地作画，作得最多的便是蜡笔画。

同时，以蜡笔为主的纸上作品也更为清晰、完整地记录了吴大羽艺术的蜕变过程：形

第四章　吴大羽书法与纸上作品

无题　复合媒材、纸　17 cm×20 cm

无题 色笔、纸 13 cm×8 cm

第四章　吴大羽书法与纸上作品

象——心象——幻象,从强调直观、个人的视觉感受到心灵参与造形再到"对人生的冥想和彻悟"的幻象,进而达到他所追求的"动、力、势、变"[115]的画面目标,作品也依此从清晰可见的具体形象到介于具象与抽象之间的隐约可辨的模糊形象再到不可辨知的抽象形象。以静物为例,《无题Ⅰ—503》所描绘的花卉重在刻画对象的外在形象,突出花瓣的形态与枝干的

无题　铅笔、纸　25.5 cm×29 cm

婀娜动态;《无题Ⅱ—088》抽取出对象的形象特征重新组织画面,打破花瓣与枝干的前后及穿插关系,注重色块对比及线条的独立表现力;《无题Ⅱ—112》则只剩下了蓝紫、中黄、浅绿的色块及黑色的线条、深蓝的点。这也可看出,与自然表面对象的是或非已不是他关注的着眼点,画面的点、线、面、色块、形式、构成才是他所思考与尝试的兴奋点。走出写实主义的范畴,抛开具体的对象,使他获得了表达的自由,但他又始终不是一位纯粹的形式主义者。尊

无题 钢笔、纸 21 cm×25 cm

第四章　吴大羽书法与纸上作品

无题 铅笔、纸 20.5 cm×12.5 cm

无题 油性蜡笔、纸 27 cm×19.7 cm

重内心感受,从日常生活的感悟出发,并从中西文化的差异中寻求互补与融合是其艺术创作发生变化的内在动力与原因。

3. 吴大羽纸上作品的价值

这批纸上作品不论是数量,还是前后创作所横跨的时间,在吴大羽的艺术与生活中都占据着绝对的比例,是深入研究其艺术与人格的重要史料,特别是在现有研究资料十分稀缺的情况下更显得尤其的珍贵。如其子女所言:"而这批如同日记般的纸上作品,也正是父亲一生心血之所聚。在中国现代美术史里,父亲的这批作品缺席了数十年,透过这本画册(即《吴大羽纸上作品》)的出版,得以让父亲晚年的成就重见天日,也期待透过这些完整的资料,能够更深入了解父亲的心路历程及其艺术涵养。"[16]同时,对这批纸上

无题Ⅰ-503　油性蜡笔、纸　13.7 cm×19.5 cm

作品挖掘与整理，也在某种程度上改变人们对于中国现代艺术发展历程的看法。"过去曾以为，20世纪50年代后的一段时间里，中国的现代艺术完全停止了发展，但从吴大羽这批作品的发现，说明现代艺术运动并没有停止，而成为'潜流'。而从另一方面看，这种'吴大羽现象'告诉人们，任何行政手段干预都不能从根本上改变艺术的历史

无题Ⅱ-088 油性蜡笔、纸 14.8 cm×10.4 cm

无题Ⅱ-112 油性蜡笔、纸 14.8 cm×10.2 cm

无题　油性蜡笔、纸　27 cm×19.8 cm

进程。"[17]

　　除此之外，这些纸上作品自身的艺术价值也不容忽视。凌厉的线条、跃动的小点、浓郁的色彩，或神秘莫测，或清新可人，或狂怪无端，尽在方寸之间的小纸片上尽情演绎着；不同的风格特征表明他在不同时期的尝试，虽是试验，

无题 油性蜡笔、色笔、纸 15 cm×10.2 cm

却不见落笔的丝毫犹豫，而是纵而有法，酣畅淋漓，画面无不涌现出一股抑制不住的激情与旺盛的创造力，堪与其油画作品相媲美。

注 释

[1][15]陈创洛整理：《吴大羽答客问》，《中国美术报》1987年第30期。

[2]参见吴冠中：《吴大羽——被遗忘、被发现的星》，上海油画雕塑院编：《吴大羽》，上海：上海教育出版社，2003年11月，第26页。

[3]曾长生：《从现象学探吴大羽纸上作品的深层结构》，林天民、耿桂英编：《吴大羽纸上作品》，台北：大未来画廊艺术有限公司，2010年9月，第13页。

[4]王东声：《"豆腐渣工程"与问题书法》，《美术观察》2012年第9期，第14页。

[5]此部分论述的主要依据是《吴大羽纸上作品》（2010年9月台湾大未来画廊出版），因此沿用"纸上

作品"这一概念,其本身并不严密。

[6]林泊佑主编:《吴大羽画展》,台北:台湾历史博物馆,2001年3月,第30页。

[7][16]吴崇力、寿崇宁:《吴大羽家属认证书》,林天民、耿桂英编:《吴大羽纸上作品》,台北:大未来画廊艺术有限公司,2010年9月,第2页。

[8]杭州国立艺术专科学校在1950年更名为中央美术学院华东分院。

[9]上海油画雕塑院编:《吴大羽》,上海:上海教育出版社,2003年11月,第163页。

[10][17]张祖英、方山整理:《历史是公正的——吴大羽先生学术研讨会纪要》,《油画家》1996年第4期,第5页。

[11]水天中:《"国立艺术院"画家集群的历史命运》,赵力、余丁编著:《中国油画文献》,长沙:湖南美术出版社,2002年12月,第1098页。

[12]吴大羽文稿,其家人收藏,李大钧先生提供。

[13]根据2004年6月笔者对吴大羽子女的访谈记录整理。

[14]参见闵希文:《博大精深、超尘脱俗——我国第一代油画开拓大师吴大羽》,台湾大未来编:《中国新派绘画宗师:吴大羽》,台北:台湾大未来画廊,1996年6月,第18页。

第五章

吴大羽艺术教育思想

1928年3月26日,国立艺术院在杭州西湖罗苑宣告成立,以"培养专业艺术人才,倡导艺术运动,促进社会美育为宗旨"[1],为当时中国"艺术教育之最高学府",翻开了民国时期美术发展的新一页。学院一成立,吴大羽就受聘为首任艺术院西画系主任、教授,开展现代主义艺术教育,加之学院是以西画艺术闻名的,于是,吴大羽自然而然地成为杭州国立艺术院的一面旗帜,特别是在艺术教育的具体训练方法与艺术新旧、真伪等相关问题及以学生为主体、启发式教学方面,有其深入、独到的见解,培养了一大批日后名扬海内外的优秀画家。本章在梳理吴大羽艺术教育方式的基础上,分析其艺术教育思想的内涵,进而指出其艺术教育思想的价值及对当代艺术教育的启发。本章的立论及分析主要建立在早期艺术期刊、学生对他的回忆及他自己的文稿等史料上。

一、艺术教育经历

从时间看,吴大羽从事艺术教育的时间主要集中在1928—1937年这十年间,也即他担任国立艺术院西画系主任期间。这十年,既是他艺术创作的自由时期,也是他贯彻自己艺术思想从事艺术教育最为辉煌、最有成效的十年。抗战胜利后至新中国成立期间,即1947年至1949年,虽然他又重新回到国立杭州艺专并担任油画工作室主任,但其对艺术教育的投入程度及影响力比不上前十

第五章　吴大羽艺术教育思想

年。新中国成立后，他成了第一个遭解聘的国立艺专教授，这不只对其所从事的艺术教育，对其艺术创作，甚至对其人生、行事风格都造成极大的影响。"对这位大艺术家以搞'资产阶级形式主义'为由，给以辞退，他只能回到上海旧居，从此胆怯怕事，深居简出。"[2]1960年上海组建美术学校，"好不容易在1960年来到上海美专任教，刚出现时来运转，后来又碰上了'小四清'，真是节节

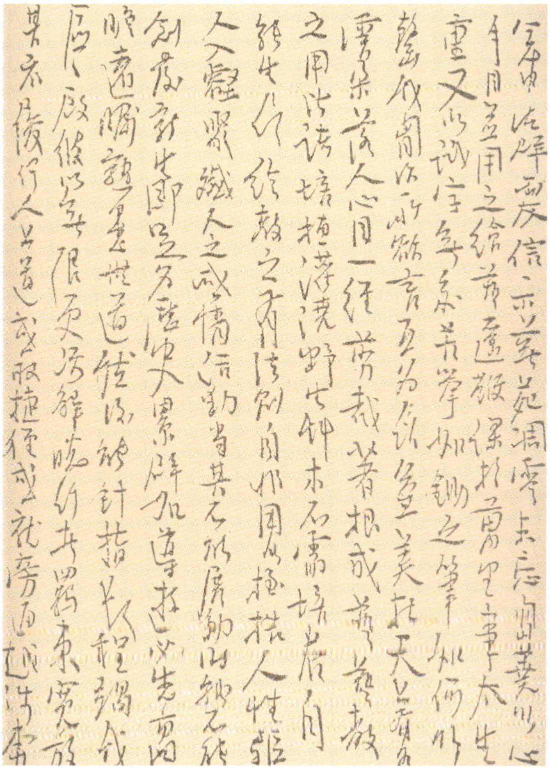

致吴冠中、朱德群书　1941年

不顺利。不知是健康原因还是'新派画'之故,他没来系里任课,也极少参加系里的活动"。[3]1965年以后,他彻底离开了教育界。虽然,他还有任教于其他学校的经历,如,1927年他刚留学法国归来时曾任教于上海新华艺专,1957年到同济大学建筑系担任色彩教学及1976年到上海船厂职工美术大学执教,但时间都比较短暂且所起作用并不大。如在同济大学建筑系担任色彩教学,半年不到他自己主动提出辞呈。因此,我们对吴大羽艺术教育的研究主要集中在1928—1937年及1947—1949年这两个阶段,因为只有这两个阶段才比较完整、比较真实地反映出其对艺术的追求及其艺术教育思想。

二、艺术教育思想内涵

吴大羽极其重视艺术教育,正如他自己所言:"艺术来到了美术家眼里,会产生两种意义,一是美育教学,二是创造的哲学。将由这两个信息,决定他进行工作的程序。" 其艺术教育思想早在留学期间就已经形成,这些观念对他后来艺术教育起到了决定性的作用。

1. 强调因材施教

在一封写给吴冠中、朱德群学生的信中较完整地体现了吴

第五章　吴大羽艺术教育思想

大羽的这种艺术教育思想,即从艺术的特点出发,从培养艺术家的角度来灵活引导学生。即便在基础教学中,也应充分尊重学生的天性,按学生特点展开教学,同时强调教师的全局掌控意识与指导作用,"绘教之有法则,自非用以桎梏人性,驱人人堑,聚歼人之感情活动。当其不能展勒肘轴、不能创发新生,即足为历史累。竭我区区,启彼以无限。更须解脱行者羁束,宽放其衣履;行人上道,或取捷径,或就旁通,越涉奔腾,应令无阻。画道万千,如自然万象之杂,如各人心目之异,无待乎同归。"[4]写这信为1941年,虽然由于战争及

无题　水彩、钢笔、纸　19 cm×20 cm

动荡的时局使他暂时离开教师岗位[5],但此时的他已有艺专十余年的教育经验,对于艺术教育的规律早已了然于胸。"他其实是在写授课讲义,同时吐露了他对艺术,对人生的心声,他似乎只对赤子之心的学子吐心声。"[6]

2.学理与技术并重

吴大羽强调学理与技术并重,重视学生在学习过程中的理论认识。如对素描与色彩、课堂教学、习作、临摹与创作等问题的正确认识,他在鼓励学生自由地创造与探索的同时,强调学生扎实的基础训练。吴大羽以小孩子初学走路为喻强调个人的独立探索,但同时他也看到绘画观念的进步,并不像生理的发育完全靠自发,除努力的学习外还得有方法才能得其道,"课习为予初习以方便,比如学步孩子之凭所扶倚,得助于人者少,出于己者多。故此法此意思,根着于我,由于精神方面之长进,未如生理发育着自然,必须潜行意力。不习或不认真习或不得其道而习者,此俱无可幸致。及既得之,人亦不能夺,一如人之自得其步伐。"[7]在习作与创作的关系问题上,吴大羽认为习作与创作实际上是一回事,不该从阶段上去区分它们。因为只有把习作也看成是创作,习作才不会走入歧途,同时创作中也要有习作的认真精神,创作才不会空泛、作假、浅薄。"习作程上,有借助于师友之磨砺,但有时贵能推新,又有借助于古近作之临览,但有时可作为覆鉴。习作、创作,无间鸿沟,可作为一事之两面看,难于截成期段。依此见解从事课习,将不至为课习所误;依此见解从事创作,亦可免于空洞、虚伪、粗浅之局。"[8]

3. 重视艺术家品性与修养

吴大羽强调艺术家的品性及个人的艺术修养。吴大羽认为艺术关涉心、手、眼,要有超乎习俗的勇气及非一

无题 墨水、纸 26.5 cm×17.5 cm　　　无题 墨水、纸 26.5 cm×20.5 cm

般人的纯洁心胸，才能有所作为。同时，强调艺术家的品质是最重要的，只要有真情实感，创作热情就会到来，作画的方法也能同时出现，但作画方法的完善还有赖于长期的刻苦磨炼，"作画作者，品质第一。情绪既萌，画意随至；法遂意生，意须经磨砺中发旺，故作势完成亦即手法之圆熟"。[9]

三、艺术教育魅力

1936年入杭州国立艺专的吴冠中这样评价他的老师："吴大羽威望的建立基于两方面，一是他作品中强烈的个性及色彩之绚丽，二是他讲课的魅力。"其实，这样的评价在学生中并非个例而是具有普遍性。"他对造型，尤其是色彩处理很具有功夫；教导方法好，很重视画幅的大体；他的作品在国内外很有影响。在选修前的议论中，他的威望最高，因此选吴大羽工作室的同学也特多。一共有34人，济济一堂。学校调换了一间最大的共同教室给我们当教室。"[10]

1. 自身艺术修养及作品的影响力

学高为师。无疑，吴大羽的艺术成就与修养是他获得国立艺术院教授席位及赢得学生尊重的大前提。虽然，我们现

第五章　吴大羽艺术教育思想

无题　墨、油性蜡笔、纸　27 cm×10 cm

在所能见到的其油画作品大多属于晚期之作及少量早期的印刷品，但从当年的一些相关文献及学生的回忆中，我们可以确定吴大羽早年的创作不仅数量多而且水平高，并且在国内具有一定的影响力。他的同事，国立艺术院教务长兼西洋美术史教授林文铮曾写过《色彩派吴大羽氏》，对他的艺术评价极高。在同一时期，李朴园《我所见之艺术运动社》提到参展油画家代表三人

（即克罗多、林风眠、吴大羽），也将吴大羽绘画归为"以色彩见长"。

在进行艺术教育的同时，吴大羽自身是一位杰出的艺术家，两种身份的重叠，使其更有可能把自己在艺术上不断求索的结果告诉学生，进而把他们引向艺术的本质问题，引向学术的最前沿，使他们具有更高的艺术追求。我们知道，艺术创作属于创造性劳动，它

无题 墨、油性蜡笔、纸 26.5 cm×19 cm

第五章　吴大羽艺术教育思想

无题　墨、纸　26.5 cm×14 cm

既需要实践性很强的专业知识又需要创新精神,不能有太多的条条框框的限定。因此,艺术教育除了我们对老师的一般要求外,如具有相关的专业知识及善于表达的能力,更需要老师自身高素质、高修养的艺术创作背景。这样,指导起学生来才不至于隔靴搔痒,言不达意。如此,正是其艺术的特点及影响力,使吴大羽在学生中的威望极高,深受学生的爱戴,并且使学生在潜移默化中受其影响。

无题　复合媒材、纸　26.3 cm×19.5 cm

1935年入杭州国立艺专,现享誉海内外的当代华人艺术家朱德群也谈道:"每当与朋友同学提到吴大羽先生名字的时候,我心中即产生无限的兴奋与激动,几不能自持,感恩之心油然而生。吴大羽先生是我的老师,更切实地说他是我的恩师。我万分庆幸的是我在艺专遇到了几位非常好的老师,大羽老师则是我最尊敬的一位,也是我受益最多的老师,所以饮水思源说他是我的恩师并没有一点言过其实。"[11]

2. 艺术教育方式

在一个人的成长过程中可能会碰到无数的老师，只有让学生钦佩、敬重的老师才会让学生所记住或谈及，而只有在一生中都受其影响的学生才会如此地感恩与反复地述说。除艺术才华外，吴大羽善于把握艺术规律，尊重学生的艺术感觉和创造性，把学生视为艺术的同道等因素，无疑是让学生永生惦记的原因了。

（1）十分强调学生的个人感受

吴大羽认为："艺术创作就是自我批评。艺术靠个人感受（sentiment）。艺术是自己发现自己，表达自己而已。"[12]如此，在他的教学过程中，他十分强调学生的个人感受，他常对学生说："应该自主其眼目。"[13]在教朱德群时也用类似的话来启迪这位后来的艺术英才："吴师也常说，作画要忠实对自然的感觉。"[14]这是他最常说的一句话。画家的个人感受并非没有由来，它是从对象、从自然中得来，"绘画是画家对自然的感受，亦是宇宙间一刹那的真实"[15]。从美术史的角度看，强调画家的个人感受属于印象派之后，特别是后印象派、表现派的理论体系。这样，在不知不觉中，吴大羽把学生引向艺术的最前沿。

（2）强调整体观察与整体表现

与强调画家的个人感受相对应，在具体作画过程中，吴大羽强调描绘对象时，应该抓住对象的大块面、大体块，因此学生常称他为"吴大体"。"所谓画大体，就是在处理构图、色彩（含素描）、线条、块面等关系时，都要从整体出发，从大体再深入到细部，在细部刻画时也要照顾到大体，从大体到细部再回复到大体，多次反复、比较、深入，最后仍以大体的给人的印象为一张作品的结束。"[16]据油画家曹增明回忆在吴大羽工作室学习的情景，上人体画课时，模特儿摆定姿势，学生动笔作画半小时后，大羽师这才叫"停一停"，告诉大家"注意掌握大体，工作先要注意抓住大体"，然后他解释为什么要抓住大体，怎样抓住大体。当学生不知所然，画不下去时，他又会及时解惑："不必纠缠细节、暂时忘掉细节、工作的胆子会大起来。"这种启发式、鼓励式的教学方法，培养了学生的自信与内在潜力、激情。曹增明说："有一回，我在画人体素描，他只用手轻轻一抹，画面上大半边灰弱下去，整体就蓦地显出来了。"[17]由于吴大羽言传身教把握的分寸十分得当，使"要注意大体"教学法深入每个学生的心田。学生刘江说，画女人体时，发现她的背部半侧面很有厚实的力量感，觉得这一点很美，于是将背侧对象尽量放大，充满画面，头部仅露出三分之一的头发，用蓝黑褚色来衬托背部健康的橘黄色肌肉，注意到画面的大体与重点蓝的表现，对这样的画面处理自己很满意。大羽师看到后说："这一张好"，"大体感觉很好，继续工作下去"。[18]得到老师鼓励后，刘江更加自信，艺术的感觉与内在的潜能被激发出来，心情更加兴奋，用笔

第五章　吴大羽艺术教育思想

无题　复合媒材、纸　10 cm×13 cm

无题 复合媒材、纸 26.5 cm×19 cm

用色，也觉得更加自由自在，不到一周时间作品就顺利完成，并代表吴大羽工作室参加成绩展览会。

另据1930年下半年就读于上海美专的蔡若虹回忆："有杭州艺专转学来的同学带来了一种新的素描方法，其特点是把造型的注意力放在描写对象的整体轮廓上，而不注意线条起伏的微妙变化；只注意受光与背光两大部分，有意忽略二者之间的大量光色；在不违背客观真实的前提下，将主观认识与对象的固有个性结合在一起。"[19]这种粗犷的黑白分明的具有个性特征的素描的方法，蔡若虹将其称为"杭派"或"林派"。其实，这"杭派"或"林派"，也可称"吴大体"或"吴派"。看来，吴大羽的教学方法确实很能代表当年国立杭州艺专的教学，称其为杭州国立艺术院的一面旗帜并非虚言。

（3）几何形的观察方法

除了强调整体观察、整体表现外，"吴大体"更多指的是几何形的观察与表现方法。其实，用几何形认识自然早在古希腊时代就已经开始，但在绘画上只有到了塞尚才表现得最为充分。这是非常有效的把握事物的方法。无论多么繁杂的自然物象，也将不再难以把握，就像人们在测量时手握一把尺子一般。因此，作为观察与表现对象的方法——"吴大体"，并非仅仅指向画面的大关系、大效果，它包含着创作者主动把握描绘对象，在理性分析形体的同时不忘创作者个人感受。因此，他不仅教会学生怎么画，更重要的是教会学生怎么看。同时，在基础训练过程中，吴大羽对学生要求极为严格，从而为他们今后的艺术道路打下非常坚实的基础。如其学生赵无极所说："他是教我们怎么看,好比画花啦,画石膏时应该有什么样的结构。他完全为我们打下了基础,基础很稳的。'简朴'这个因素,我们受他影响很多。"[20]

(4)师生间是一种道义关系

把学生视为自己的艺术同道,师生间是一种道义关系。既要做艺术学习上的引导者,又要善于倾听学生的不同意见与建议,允许学生的不同试验与个性表现,这不是每位老师都能意识到并能处理好的矛盾,特别是艺术教育,它的对错是非标准往往就在一线之间,"美丑之两端,时乖千里,时决一绳"[21]。他的这种平等民主自由的教学氛围,使学生的个性得到了充分的发扬,从而激发出无限的创造力。正是因为吴大羽的言传身教,视学生为自己的艺术同道,使得学生在艺术追求与艺术创作上以他为榜样,矢志跟随他进入艺术的伊甸园。

四、艺术教育思想的当下启示

从历史的角度看,在对中国第一代油画家作整体评价时,一般会把"油画"这一画种的引入作为他们所做出的最大功绩。在新文化运动的感召下,他们大

第五章 吴大羽艺术教育思想

无题 复合媒材、纸 20.5 cm×19.5 cm

无题 复合媒材、纸 26.5 cm×19 cm

第五章　吴大羽艺术教育思想

无题　复合媒材、纸　26 cm×19 cm

多在20岁上下，远涉东洋或西洋，学习西方艺术，之后，学成归国创办中国的艺术教育体系，传道授业，使西洋艺术在中国这一古老土地上生根发芽并茁壮成长。这点，吴大羽也尤为突出。在他的影响下，同学们都崇拜印象派以后的西方诸流派，重视识别艺术的美丑与真伪，从中启发了美感的心灵。凡是亲身听过吴大羽老师教课、谈话的同学们在多年以后回忆起来，还不曾忘记

201

他那激动的情绪、火热的童心。"中国现当代著名的美术家，如吴冠中、赵无极、朱德群等人之所以成为英才，都幸亏有这位禀赋颖异、思想超凡、循循善诱且有出色独特艺术创作风格的油画教育家的熏陶所致。"[22]

从整体看，民国时期出自南京中央大学艺术系和苏州美专的学生，多倾向于古典写实主义；而出自杭州艺专和上海美专的，多倾向于现代派艺术。如此，林风眠、吴大羽等人主持国立艺术院绘画教学，实际上是打下了现代派艺术在中国生长的基础。虽然，由于抗日战争，更因为世界两大阵营（社会主义阵营与资本主义阵营）的对立，"现代主义艺术"被视为资产阶级腐朽没落文化的代表，从那时起直至20世纪70年代中期，中国的现代主义艺术教育全部中断。新时期以来，特别是进入21世纪之后，文化创意产业概念的提出，使人们越来越重视艺术的原创性，表现在艺术教育上便是对学生发散性思维的重视，并强调真正的教育是对人类智力和情感的充分开发和提升，而不是简单知识和学问的堆积，使人的潜力最大限度地得到挖掘，并推动其最终得以实现，进而使得人们重新回看与反思现代主义艺术的人文精神及其教育的影响力。

"艺术要学习吗？要。要教育吗？可受教，而源出自己，不全是教和学之果硕。"[23]这种教育思想放在今天的文化语境分析，仍然是我们进行艺术教育的不二法则，这也是今天重提与研究吴大羽艺术教育思想的原因。同时，吴大羽在不同时期艺术教育上的不同境遇，也应该引起我们的反思。

注释

[1]大学院公布：《国立艺术院组织大纲》，大学院公报编辑处编：《大学院公报》，1928年8月。

[2]沈柔坚：《大智若愚吴大羽》，《文汇报》1997年6月11日。

[3]邱瑞敏：《他的精神永在——吴大羽印象》，邱瑞敏主编《世纪空间——上海市美术专科学校校史（1959—1983）》，上海：上海大学出版社，2004年5月，第3页。

[4][7][8][9][15][21]吴大羽：《谈艺录》，上海油画雕塑院编：《吴大羽》，上海：上海教育出版社，2003年11月，第12页，第12页，第12页，第12页，第20页，第12页。

[5]此部分内容可参见第一章"吴大羽的生平"。

[6]吴冠中：《吴大羽——被遗忘、被发现的星》，上海油画雕塑院编：《吴大羽》，上海：上海教育出版社，2003年11月，第25页。

[10][16][18]刘江：《回忆在吴大羽工作室学习的两年》，吴冠中等：《烽火艺程》，杭州：中国美术学院出版社，1998年4月，第260页，第261页，第262页。

[11][14]朱德群：《忆吴大羽先生》，《上海美术馆之友》2003年第12期，第4页。

[12]陈创洛：《"海夫纳"代表访吴大羽》，《中国美术报》1987年第30期。

[13][17]曹增明：《师生间是道义关系——我的老师吴大羽》，宋忠元编：《艺术摇篮》，杭州：浙江美术学院出版社，1998年3月，第52页。

[19]李超：《中国现代油画史》，上海：上海书

画出版社，2007年12月，第87页。

[20]大未来画廊整理：《把他摆回应得的地位——赵无极访谈录》，台湾大未来编：《中国新派绘画宗师：吴大羽》，台北：台湾大未来画廊，1996年6月，第14页。

[22]阮荣春、胡光华：《中国近现代美术史》，天津：天津人民美术出版社，2005年6月，第225页。

[23]吴大羽文稿，其家人收藏，李大钧先生提供。

第六章

吴大羽艺术创作思想

吴大羽艺术思想的直接文字记录主要来源于三个方面：第一，自己的文字记录；第二，学生的回忆；第三，他人的访谈记录。而吴大羽自己写的有关论述艺术的文章在生前从未发表，目前只在台湾及中国大陆出版的画集上以"画语录"或"谈艺录"形式有所体现。[1]这些类似于"话语录"的文字简短、跳跃、感性，缺乏逻辑与上下文的语境联系，也加大了我们对其艺术思想解读的难度。但这些有感而发的文字却是他数十年如一日在艺术上苦苦探索的结晶，是建立在人生经历、学识修养及对艺术的实践与思考的基础上，字字珠玑、意味深长，引人深思，因此显得弥足珍贵。

　　本章结合艺术与人生经验，探讨吴大羽艺术创作思想的本质，并指出其艺术创作思想在当下的意义与价值。

一、艺术经历与创作思想的形成

　　从人生经历看，吴大羽是早慧的，他在很小的时候就显露出超人的艺术个性和气质。在小学的一次绘画课上，老师给了他一个预想不到的分数。他很不满意，一转身就把画给撕了。课后，老师跟他长谈，他掉下了自责的眼泪，这件事永远刻在他的心头，直到多年过去都无法忘怀。他还常常跟子女提起这件事，他说一闭眼就能想起当年老师的面容，"虽然他很乐观，总是往

第六章　吴大羽艺术创作思想

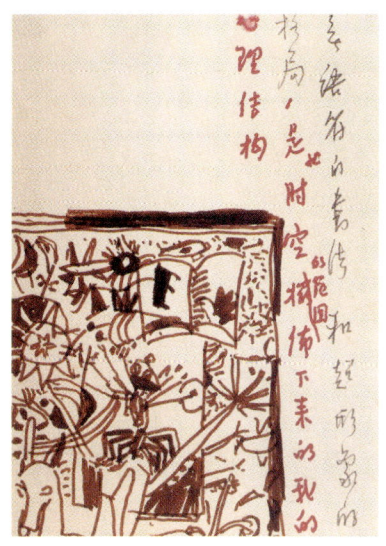

手稿　色笔、纸　19 cm×13 cm

手稿　铅笔、纸　19 cm×15 cm

前看,不大回忆过去的事"。[2]他的后悔与自责并无关于画本身的好坏,他是在为无知、傲慢及对老师的大不敬流下的眼泪。相反,几十年过去,他还念念不忘儿时的那幅画,还一以贯之地显示出对艺术的那份自我评判的信心与雄心。这种近乎矛盾的心情时时揪扯着他,只不过他调整了保全自我与尊重他人的关系,但警醒与自责却伴随了其一生。无疑,天性里头带着刚强的骨气与自我批判,这种天性是不会随世事变迁而改变的。

除了对艺术的执拗及时代的氛围外,我们不知道还有什么缘由促使他离开家乡到上海师从张聿光学画及后来出国留学。但,这两次的选择是其一生的关键转折点,奠定了其一生事业的基础。从中,我们也不难看出他对自己人生的把握和他的那份进取心。也许,正是源于对艺术的倾心与投入,源于天性,源于特有的艺术敏感,使得他显示出出类拔萃的同时,也让包括他的学生在内的人感到他的孤傲。[3]

留学期间,吴大羽既学油画,又研修雕塑。从目前资料看,虽然归国后吴大羽未再从事雕塑创作,

无题 画布油画 55 cm×39 cm

但在留法期间其雕塑作品的影响力甚至超过油画,他的雕塑老师布尔代勒(Bourdelle)——雕塑巨匠罗丹的学生,在继承罗丹艺术的基础上,又大胆反叛,开创了一个重视雕塑空间力度表现的时代。他那雄伟、概括的雕塑也被称之为"建筑雕塑"。除了雕塑体量感对其艺术创作的终身影响外,布尔代勒追求创新的艺术思想也伴随吴大羽的一生。

在他的成长过程中,还必须提到留学期间参加的"霍普斯会"及"中国美术展览会"。"霍普斯会"除促成吴大羽"专重美术学理之研究"外,还与同为赴法留学的林风眠、林文铮等结成一生的友谊,共同致力于创造新艺术。而"中国美术展览会"除了让林风眠、吴大羽等"霍普斯会"与"美术工学社"成员一时扬名外,还为更好地实现他们的理想与抱负提供了某种契机——与蔡元培先生结识。早在这批青年学子之前,蔡元培就以其不凡的远见卓识提出"以美育代宗教"的启蒙思想,企望从艺术的角度唤醒国民的民族意识,通过美育来实现国家的振兴。在这次斯特拉斯堡展览会上,蔡元培作为嘉宾应邀出席,为展览会题写序言并发表演讲。他的序言及演讲内容:"一民族之文化,能常有所贡献于世界者,必具有两条件:第一,以固有之文化为基础;第二,能吸收他民族之文化为滋养料。此种状态,在各种文化事业,均可见其痕迹;而尤与美术为显而易见"[4];"采中国之所长,以加入欧风,欧洲美术家既实验之;然则采欧人之所长以加入中国风,岂非吾美术家之责任耶?"[5]"有一种感想,就是学术上的调和与民族间的调和"[6],不仅深深吸引了这批艺术学子,而且成了他们一辈子孜孜不倦的学术追求。共同的学术取向使他们的友谊跨越了年岭的界线。等到蔡元培担任南京国民政府大学院院长一职,开始筹建国立艺术院时,这批"霍普斯会"的艺术干将则承担着具体的工作。日后以国立艺术院教师为主的艺术运动社可视为"霍普斯会"在中国的延续。从下列表格中，我们可以清晰地看到"霍普斯会"与国立艺术院院系负责人员的重叠情况及他们在学术追求上的一致性，这不仅是吴大羽艺术思想的重要来源，而且奠定了其毕生追求的学术指向。

无题　画布油画　53 cm×37.4 cm

"霍普斯会"主要人员

	吴大羽	林风眠	林文铮	李金发	刘既漂	王代之	曾以鲁、唐焦
生卒年	1903—1988	1900—1991	1903—1990	1900—1976	1900—？		
籍贯	江苏宜兴	广东梅县	广东梅县	广东梅县	广东兴宁		
留法时间	1922—1927	1919—1925	1919—1927	1919—1925	1920—1928		
所学专业	油画、雕塑	油画	文学与美术史	雕塑	图案、建筑		
留法学校	巴黎高等美术学校	法国迪戎高等美术学校、巴黎高等美术学校	巴黎大学	法国迪戎高等美术学校、巴黎高等美术学校	巴黎高等美术学校、巴黎大学		

1928年杭州国立艺术院院系负责人员

林风眠	林文铮	吴大羽	李金发	刘既漂	王代之	潘天寿
校长	教务长	西画系主任	雕塑系主任	图案系主任	艺术院驻欧代表	国画系主任

二者学术取向之比较

"霍普斯会"	杭州国立艺术院
以研究和介绍艺术为宗旨;中西美术调和。	介绍西方艺术,整理中国艺术,调和中西艺术,创造时代艺术。

  1928年,国立艺术院在杭州成立。作为创校元老之一,吴大羽不仅担任国立艺术院要职,还成为杭州国立艺专的一面旗帜,以现代艺术为己任,开展艺术活动,从事艺术教育与创作,在现代中国美术史上作出了不可磨灭的功绩。1928年到1937年,是他一生中人生与事业最辉煌的十年。这十年,他创作了大量作品,在社会上产生了一定的影响力。1937年11月,日本侵略军逼近,杭州国立艺专被迫向西南方向搬迁。途中,吴大羽被解聘,直至1947年重返国立杭州艺专

第六章　吴大羽艺术创作思想

无题　画布油画　53.1 cm×38.5 cm

无题 画布油画 53.2 cm×37.4 cm

担任油画工作室主任。1950年9月再次遭解聘,成为新中国成立后第一个遭解聘的国立艺专教授。

长期以来,人们对吴大羽、林风眠等艺术的理解与判断存在着明显的误区,即把他们的"现代艺术"等同于"形式主义"。在西方艺术史上,除了现代艺术对艺术本体的强调外,特别是在20世纪的30年代,阶级、民族矛盾的全面爆发把中国的艺术引向了实用与功利方面,"为艺术而艺术"与"为人生而艺术"成了彼此不可调和、不可相融的对立。因此,"现代艺术"很容易让人觉得就是"形式主义"。其实,从吴大羽、林风眠早期的艺术作品,特别是在国家危难时针对时局创作了一批以期激发起民众爱国情绪的作品看:一方面,他们关注艺术的社会作用,强调"艺术家伟大的使命"和"研究艺术的人,应负相当的人类情绪上的向上的引导";另一方面,又不忘艺术自身的独立性,指出"艺术根本系人类情绪冲动一种外向的表现,完全是为创作而创作,绝不曾想到社会的功用问题上来",反对把"艺术的艺术"与"社会的艺术"对立起来的偏颇之见,也反对"为艺术而艺术"和"为人生而艺术"的区分,既主张按艺术规律办事,也坚持艺术肩负着社会的使命。[7]这种理念在吴大羽《凯旋图》(1935年)、《国土不容侵犯》(1937年)等作品中得到清晰的体现。虽然这些作品在战争的年代早已被毁,但从亲历者的回忆看,吴大羽在追求形式语言的同时更关注作品的主题与内涵的表达,更多地思考社会与人生问题。除了自己身体力行外,吴大羽也经常这样教导他的学生,"羽师常和我们讲,'欧洲绘画是以人性、人道为基底,色彩是感人心灵的音符,形式是画面的重要框架,但欧洲这些现代派绝非形式主义。像毕加索的《格尔尼卡》不是有着一定的社会价值和审美意义?'"[8]如此,内容与形式及"为艺术而艺

无题　画布油画　53 cm×38.5 cm

术"与"为人生而艺术"在他们早期的艺术活动与创作中并不矛盾,甚至完满地融合在一起,密不可分。

如果说1937年吴大羽被解聘更多的是因为时局的动荡与人事的纷争,那么1950年的被解聘涉及的便是学术与政治立场的阶级问题。新中国成立以后,他的作品已无法入选展览,教学也难以合乎此一时代要求,"例如艺专出展京沪作品,本人曾完成大幅油画于沪寓病室之中。至于在杭校预展中落选,未能使本人作业与京沪人们相见,则深表遗憾"。[9]两次的解聘经历对他的行事风格与艺术创作造成极大的影响,特别是第二次的被解聘,吴大羽不仅失去了开展艺术活动与艺术创作、教育的平台,甚至连人身的自由也都失去了。虽然,随着形势的变化,日后他还担任其他社会职务,但要么所起作用已经今非昔比,要么纯属挂名。他变得谨小慎微、与世隔绝,其艺术创作悄悄地转入地下,作品也从早期注重社会与人生及艺术语言并重,转向以关注画面语言本身为主,很少示人。但他并没有屈服与迎合外部环境,在强大的社会舆论与压力下,仍然坚守自己的艺术信念与追求,躲在阁楼咳着血进行中西绘画试验。这是他区别于许多同时代画家的地方,也是他的艺术得以超越时代的地方。为此,他付出了极大的代价。

吴大羽作了一首诗来总结自己的一生:

波释结悲欣
知君清性心
江山若故貌
风月宇外新
人天相接逐
天人策古今
莫逆万千变
谷空空足音

余亦存余梦
飞光嚼采韵
东西迷岁月
啼笑醒秋春
白内自内障
不许染丹青

二、艺术创作思想的本质

对吴大羽的重要艺术与人生经历重新做一审视后，再回过头来探讨他的艺术思想。

从根源上看，吴大羽的艺术思想大抵建立在早期艺术历程上，更多的是从西画的学习与感悟入手的。在五四新文化运动的感召下，其赴法留学便是"以研究和介绍艺术为宗旨"，并且"旨愿庞大，想将来对于中国艺术前途，当有莫大之贡献"。[10]但从早期的艺术活动看，相对于当年国立艺术院所提出的"介绍西方艺术，整理中国艺术，调和中西艺术，创造时代艺术"的宗旨，他还只是停留在研究与介绍西方艺术的阶段，还远未达到调和中西、创造时代艺术的目标；从早期艺术作品看，画面具有非常正统的西画风貌，且充分发挥西画的语言特长——色彩的表现力，这在第一代油画家身上是不多见的。可以看出他深受印象派的色彩，特别是塞尚造型的影响，这为他今后的中西融合奠定了扎实的根基。此外，从审美客体的感觉中追寻表达的自由，注重感觉的第一性，这种西方艺术最核心的造型观念贯穿吴大羽艺术创作的始终。他在不同场合、不同角度都十分强调画家的个人感受，认为："画画是属于感觉，由感觉达到思维"[11]，"要用自己的眼睛去观察对象。画自己感受到的,切忌去搬用别人现成模式","画画最重要的就是感觉。对对象的第一感觉很重要,能发现,能抓住,能表现感觉,便成功了"。[12]同时,我们还应看到吴大羽在向西方艺术学习,引入西画观念、技巧的同时,更引入了西方现代主义精神,即追求真理,强调创造、创新的自由创作的艺术主张。这不仅表现在他自己的学习上,"要使自己的艺术处在游

无题 画布油画 52.6 cm×37.6 cm

无题 画布油画 79.4 cm×69 cm

第六章 吴大羽艺术创作思想

离状态,不断地变化发展"[13];表现在他的创作上,"时间不会停留,艺术也不要停留"[14],"快照追逐电子计算机活动的时代,迫得我们要构成新方法的艺术,作出新的概括造型"[15];还表现在他对艺术教育的理解上,"艺术当了师傅的学徒,有时会变成不受教的家伙。他做了孝子,会显得有点委顿,承认了是弟弟,会抬不起头来。大树下面,生长不出高木,跟着领头马走,总是老路"。[16]

两次解聘经历对他的行事风格及艺术风格造成了很大的影响。特别是第二次解聘,使他从早期密切关注社会时局及对社会的使命与担当,蜕变为躲在阁楼的自我内心深处,以知识分子惯有的"达则兼济天下,穷则独善其身"的方式从"救世"转向"避世",从对外部世界的求索转向对自己的本心观照。他的兴趣点也从西画艺术转向中国传统文化,"大羽师又返回上海,蛰居读书,他信中说'手把陶卷',他对诗,尤其陶渊明的诗似乎最是心心相印"[17],"我和涂克去探望他时,他很少谈画,谈创作,只说哲理、佛道、老庄。他说他不信佛教,但谈的都是对'无'、'虚'、'空'、'悟'等的领会"[18],虽然,恶劣的外部环境,已经不允许他画画,但他始终没有中断或放弃他的艺术探索。从其家人的叙述及后来被整理出版的《吴大羽纸上作品》来看[19],他进行了大量的中西绘画融合的尝试,渐渐抛弃了西方塞尚式谨严的造型用色规律与法则而变得注重感性与随意性,从重体积重块面转向重平面化及追求线条表现力,色彩更加自由与浓烈,在既有西画正统语言风格的同时,又有中国传统写意画的意味。同时,我们还应该注意到吴大羽此时所谈的对物象感觉,除了外部世界所引起的反应外,更包含了内心感觉,即强调心灵参与造型的作用,"眼睛的作用,由心所支配,从感觉出发,离开了心的发动,光凭眼睛是画不出东西的"[20],也即"由性及情,由情返性,由心及境,由境显心"[21],"对形体的恭顺,无益于掌握形象。美的出现在形象和心象之间"[22],在造化与心源之间,越到后来越强调心灵感悟,"画需要的是领悟,不是画笔上的技巧,不要去画物的外形,需要的是超脱"[23],这是他的艺术作品及思想区别于早期的地方,他也由此开辟出一条中国传统文化与西画现代艺术在深层结构相融合的道路。晚年的吴大羽,行动不便,更是活在自我的精神世界中。当几十年未见的学生来看望他时,担忧他睡得太多会对健康不利,"他对学生说:'我是在做梦。''您梦见什么?''画画。'"[24]此时的吴大羽完全沉浸在东方的冥想状态里。正是在这种状态下,他的画论充满了禅道意味。

其实,注定吴大羽艺术高度的关键在于其独立的人格与学术追求。"人类的艺术是相通的,用不到分中西。艺术是一种语言,只有时代之别,没有地区之分"[25],这种意识在吴大羽留学阶段就已初步确立了。以林风眠、吴大羽等为代表的一批画家一生所走的也正是这样的艺术道路,他们以一种更广博的视野来看待全人类的艺术与文化成果,半个多世纪过去了,时间也证明了这条艺术道路的可行性与充满希望。

一系列的政治活动曾使吴大羽茫然与无措,却不曾改变他的人格。当代油画家陈钧德讲述的事件有助于我们对吴大羽的了解。他说:"一次看到批斗吴大羽的场面。一群被批斗的人站在台上,低着头,台下的人拿着大喇叭高喊被批斗者的名字。场面气氛火药味十足,足以使'阶

第六章 吴大羽艺术创作思想

无题 画布油画 63 cm×37.8 cm

级敌人'屈服。吴大羽等一批人被批斗完后就下了台,换另一批。奇怪的是,他又重新回到了台上,台下的人愤怒了,情绪更加激昂……原来,吴先生下台后发现雨伞落在了批斗台上,于是就上台来取。"[26] 看来,他已经不再那般地惊慌了。面对百般攻击与人身摧残,他变得愈发地平淡。而在艺术创作上却更加恣意纵横,更加无所顾忌,让自己的天性尽情流露,越到晚期这种风格越明显。因此,即使在最困难的

无题 画布油画 53.3 cm×37.4 cm

时期，吴大羽也没有在"思想改造"、"大批判"和"无产阶级在上层建筑领域对资产阶级的全面专政"中偏离自己的艺术追求。对当时的主流权力话语，他并不盲从，并做出自己对艺术的独立思考，如政治与艺术的关系，"政治和艺术，它们是不同语音的语言，是不同语符的文字，是不同步伐的共趋并进的开道者。是人生的双腿行动，将不能离乎其心脑的健康"[27]；如为工农兵服务的问题，"不言而喻，谁肯放弃，谁能放弃，谁敢放弃为人生服务的观念。但这个为工为农为兵服务的高尚良心的经典主义，有一卷在手存之于心足矣。其与艺术科学来联系之处，在内不在外，说煞无益。艺术于性情出自感觉，倒是大家来解放一下眼界，把手用的范围放肆些，敢作敢为些，有益些"。[28]

正是源于独立的人格与思想，他才在狂乱的现实面前保留其真，而对西画技巧与语言及深厚的传统文化的理解与体悟则是践行中西艺术融合的大前提。七八岁时，吴大羽便已开始自学绘画，[29]在少年时代还常有乡人向他索画。[30]此外，在古典文学、诗词与书法方面也打下了非常坚实的基础。

吴大羽对中西艺术的融合首先表现在用中国传统文化来理解西画，将其本质概括为人品、学识、修养、才情，并最终归于"人"，如"美之所在，理之所在，信与之俱；各种各样的忠敬仁爱辅焉"，"正比画里春秋之变，各备其乾坤，明暗疏密，冷热浓淡，毫厘万千，各殊其宜。而各种气派、风节、情调、格局，总不离乎整个幅画的谐和。这幅画谐和应移作人生体貌庄严来作注脚"。[31]这样，传统中国画、书法与西画在本质上就趋于一致。但在具体的技术上，他以书法及中国画的技巧与内涵来丰富与充实西画的用笔、用色及造形。从用毛笔书写的现存文稿看，吴大羽的书法达到了相当的学术高度,令当今许多书法家自叹不如,正如油画家兼书法家的朱乃正先生在吴大羽研讨会上说,"单从这书法,我们在座的没有人能达到这高水平、高品位"。[32]通过对书法的研习,吴大羽不但系统掌握了书法用笔的奥妙,更通过书法深刻体会了艺术的精髓——"我的内心自供记录"[33],"突出喜怒哀乐脸谱表情,突出指手画脚动止间的曲折示意,突出攻守取予等等的意向的打算,在使用工具上展开了心韵寄托"[34],是"最能以其简捷利落的方式吐露其气性的"[35],因此属于精练的高贵艺术。同时,他又认为书法,"但艺术工格上有其局限,书者在运用起承转合的刹那运动之际,容易误把抒情庄严当作油腔、陈辙的地盘来理解。就是说,当作之者心灵瀸入时空时,失去对外界的新颖分量的贡献,会使作之者徒然装腔作势于人云亦云中间住脚,起人憎厌"。[36]通过比较,他把书法用笔直接引入油画创作。除了直接采用书法的用笔外,他还把书法的取物造形及布局章法的抽象美转化为西画取景造物的法则,突出喜怒哀乐脸谱表情,突出指手画脚动止间的曲折示意,突出攻守取予等等的意向,并由此引出"势象"这一概念。在此基础上,吴大羽把艺术概括为"动、力、势、变",并指出四者的相互关系——"形的变动、力的变动,达到势的阶段;变动包括时间、空间。势随形象变;事实上形象结构之外,也有势"[37],有着极为丰富的美学内涵。除结构、力量、动势外,色彩也是吴大羽作品的一大突出特点。因此,有时候他把"动、力、势、变"又引申为"力立、速定、势住、彩变",[38]或

第六章 吴大羽艺术创作思想

无题 画布油画 53 cm×37.5 cm

"力、速、变、韵"。[39]

对于色彩,吴大羽具有与生俱来的天赋。早在20世纪20—30年代,他就"颜色一摊在他的画板上就好像音乐家的乐谱变化无穷!西方艺术所谓'使色彩吟哦',吴先生已臻此神妙之境"[40]而被喻为"中国色彩派之代表"。但显然,他这时候对色彩的理解与应用主要依据印象派的色彩理论,"从技法的运用方面着眼,谁都可以相信他是很接近于印象派的作家"。[41]后来他逐渐以中国画的"笔精墨妙"的笔墨精神来解构印象派的观察与用色规律,在充分发挥色彩主观性的同时,更为注意色彩的韵味和精微变化及其所营造的情境、氛围与气息,这如他所言"不辨红黄蓝绿,偏要舞彩弄墨"。[42]晚年,他创造"彩韵"一词替代色彩:"在传统含义中,'韵'是文人修养品味的外化,也是自然景象诗意的内化,是十足的中国诗化审美趣味。而'彩—韵'连缀,既成为具有现代美学意味的词语,又是虽经中西糅合,却凸显出中国审美趣味的词语。它体现了吴大羽试图以内向型的中国情韵兼容外向型的西画色彩这一睿智的艺术理念。"[43]"彩韵"与"势象"是吴大羽以深厚的中国传统文化探寻"西画"中国化的理论升华,也是其艺术思想的最大特点,它是建立在中西艺术互补的理论基础上。至此,吴大羽站在人类文化的视角,把中西艺术看成"人类文化现象的记录"而融为一体。

第六章 吴大羽艺术创作思想

无题 画布油画 53.8 cm×39 cm

三、吴大羽艺术创作思想的价值

在中西艺术的融合问题上,研究者一般会把研究重点投放在林风眠、徐悲鸿、刘海粟等少数中国第一代油画家身上,他们也确实代表着20世纪中西文化融合最典型的三条道路,但他们似乎对中国画的转型与变革贡献更大,而相对偏离了当初所选择的油画艺术,因此,在油画领域,吴大羽比上述诸人走得更远。特别是在中国的现代艺术被视为完全停止的年代(20世纪50—70年代),吴大羽都不曾放弃对西画的探索与试验,这也使得吴大羽的油画艺术显得独树一帜。在表现手法上,其油画艺术生动地演绎了"力立、速定、势住、彩变"的艺术主张;在艺术思想上,他与同道者在看到"东西艺术本属一体,无有彼此"的同时,更以其深厚的学养及切身探索的体悟进一步道出中西艺术的本质差别,"色与形的解放(西),心与神的归宿(东)",并创造性地提出"势象"与"采韵"等美学概念。这些言简意赅、鞭辟入里的艺术思想与其作品一道开创了一条中西融合的现代绘画之路。

百年中国油画,费尽了几代人的心血,值得我们很好地吸收与总结。如果说西洋画在移植入中国之初,我们或许只要关注于工具、材料、技法等方面就可以了,换言之,即油画的器物层面;但当西洋画转译为"中国油画"时就不可避

第六章　吴大羽艺术创作思想

无题　画布油画　53 cm×38 cm

无题 画布油画 53.7 cm×37.3 cm

免地存在着创作主体身份的转化与创造者的艺术价值等相关话题，也即油画的精神层面，特别是经过了这么一段实在不算短的嫁接与繁荣时期。作为国际通用的绘画语言，如何在共通标准下凸显中国特色，并且在国际中占有一席之地？这不能不是当下油画家与理论家必须一起面对的学术命题。正是在这一语境下，吴大羽的艺术逐渐进入了研究者的视野，正如詹建俊在吴大羽先生学术研讨会指出的："当前中国艺术的首要问题是创作家缺乏新的创造，中国的现代艺术包括各种的艺术，学西方的艺术，有的太西方了，应该有传统的文化味道。既然叫中国油画，就意味着要体现民族文化特色，主张把西方文化与中国传统精神结合。油画来自西方，我们的画家也尝试过结合，但我觉得在结合两种文化的优点方面做得还是不够。吴大羽先生的作品里最大的一个特点，他不像是西方的某一种表现派或西方的抽象派，这都不能把他归进去，也不能把他归入中国任何一个风格流派里去。吴先生的画无论从画面构成、画面的色彩、布局穿插、画画的格调，各方面都体现他对中西文化结合的理解。产生中国自己的油画，是我们的目标。现在对于西方的艺术如何认识，我们中国艺术家怎么去研究，是我们的一个课题，但一直没有解决好。吴大羽先生解决得比较好。宣传吴大羽一方面便于我们学习提高，另一方面还有弘扬我们中国文化成就的意义。我们有非常好的人才，非常好的艺术品，需要我们国家和社会来重视、发掘、保护。"[44]

从少年时的苦苦追索到白了少年头的释然，从形象到心象到幻象，从艺术是一种语言到"非手眼之功，而是至善之德，才有心灵的彻悟"，[45]吴大羽已远远走在时代的前列，正如他自己所言："我是永远不会死去的！"这也是我们重提与研究吴大羽的原因，他的艺术思想是一笔十分可贵的财富。

注 释

[1]如1996年6月台湾大未来画廊出版《中国新派绘画宗师：吴大羽》及2003年11月上海教育出版社出版《吴大羽》。

[2]吴大羽子女对其父亲的评价，根据2004年6月笔者对吴大羽子女的访谈记录整理。

[3]参见朱德群：《忆吴大羽先生》，《上海美术馆之友》2003年12月，第4页。

[4][5][6]李风：《旅欧华人第一次举行中国美术展览大会之盛况》，《东方杂志》第21卷第16号，第34页，第30页，第35页。

[7]参见潘耀昌：《法国的革命和德国的理论——评林风眠和蔡元培的合作》，《走出巴贝尔——融合中的冲突》，北京：中国人民大学出版社，2004年9月，第98～99页。

[8][18]闵希文：《心灵的彻悟——忆中国油画第一代垦荒者吴大羽》，上海油画雕塑院编：《吴大羽》，上海：上海教育出版社，2003年11月，第32页，第34页。

[9]1950年10月5日吴大羽写给教育部马叙伦的信。吴大羽家人收藏，李大钧先生提供。

[10]《留法艺术界新组织团体讯》，《申报》1924年3月12日，第4版。

[11][13][20][44]张祖英、方山整理：《历史是公正的——吴大羽先生学术研讨会纪要》，《油画家》1996年第4期，第2页，第2页，第2页，第6页。

第六章　吴大羽艺术创作思想

[12]刘江：《回忆在吴大羽工作室学习的两年》，吴冠中等：《烽火艺程》，杭州：中国美术学院出版社，1998年4月，第261页。

[14][37]陈创洛：《"海夫纳"代表访吴大羽》，《中国美术报》1987年第30期。

[15][16][21][27][28][31][33][34][35][36][38][42]吴大羽文稿，其家人收藏，李大钧先生提供。

[17]吴冠中：《吴大羽现象》，《文汇报》1996年10月30日。

[19]林天民、耿桂英编：《吴大羽纸上作品》，台北：大未来画廊艺术有限公司，2010年9月。

[22][23][25][45]吴大羽：《谈艺录》，上海油画雕塑院编：《吴大羽》，上海：上海教育出版社，2003年11月。

[24]参见庄华岳：《再见吴大羽先生》，台湾大未来编：《中国新派绘画宗师：吴大羽》，台北：台湾大未来画廊出版，1996年6月，第21页。

[26]根据2004年6月笔者对陈钧德的访谈记录整理。

[29]参见陈创洛整理：《吴大羽谈艺录》，《上海美术通讯》2002年第4期，第42页。

[30]参见吴崇兰：《无画的画家——我的小叔吴大羽》，《中外杂志》1992年第4期，第106页。

[32]吴冠中：《吴大羽现象》，《文汇报》1996年10月30日。

[39]沈柔坚:《观"中国油画展"》,《美术》1988年第1期,第16页。

[40]林文铮:《色彩派吴大羽氏》,《亚波罗》1929年第8期。

[41]李朴园:《我所见之艺术运动社》,《亚波罗》1929年第8期。共评论油画家三人,即克罗多、林风眠、吴大羽。

[43]聂危谷:《未能忘却的纪念》,《民族艺术》2008年第2期,第79页。

第七章

长期被埋没的吴大羽

提到吴大羽，所知者寥寥。但提到林风眠、潘天寿这些熠熠生辉的名字，却是画界人所共知。同为国立杭州艺专的灵魂人物，当年国立艺术院成立时，林风眠担任校长，吴大羽受聘西画系主任，潘天寿则为国画系主任，且潘天寿也正是通过吴大羽的推荐而聘请的，而吴大羽却还一直被埋没在历史的尘埃中，直到今天仍是我们很多人认知的盲区。其实，被誉为"中国色彩派之代表"（林文铮语）、"杭州艺专的旗帜"（吴冠中语）的吴大羽，凭借其在20世纪的现代绘画中对新派画的坚持与求索及其所取得的成绩，在中国可以说是拓荒者，其艺术思想不可谓不超迈，艺术成就不可谓不高，但长期以来却不为人知。这种现象，被吴冠中先生命名为"吴大羽现象"。

至为重要的是，透过吴大羽的命运，可以看到一个时代的变迁，他在艺术道路上跌宕起伏的遭遇在某种程度上也折射出中国油画艰难曲折的发展历程。他的遭遇，部分原因在于自身的性格，然而，更多的是外部客观所造成的。当我们夺目于他那璀璨的艺术成就时，不禁更加地痛心于他的人生际遇。本章对其长期被埋没的历史进行梳理，试图使世人了解其人及其艺术，进而加深我们对中国20世纪新派画的艰难发展历程的认识。

一、长期被埋没的吴大羽

吴冠中在文章《吴大羽现象》中这样写道："每当我向人谈及大羽师，往往对方说知道知道，是经常画大公鸡的吧！显然是误指

第七章 长期被埋没的吴大羽

无题 油性蜡笔、纸 14.8 cm×10.4 cm

陈大羽先生了。"同样的错误在20世纪40年代就已经发生了。1948年《中国美术年鉴》在介绍吴大羽时言:"吴大羽,国画家,男,广东潮阳人,擅长国画。氏为现代岭南画家之一。善画山水,好作焦墨重色,天真烂漫,用笔如锥,用墨如漆,气魄之雄伟,非具有胆识者不能逮也。曾展览作品于中国艺苑,颇得好评。"[1]说的是陈大羽,而所配人物照片又是吴大羽。

客观地说,吴大羽在20世纪20—30年代是具有一定声望和名气的,这主要缘于他的艺术成就与社会地位。社会地位指的是他担任杭州国立艺专西画系主任兼教授,凭着当时国立艺专的影响力,他不会不为学界所知。我们可以从当时的重要刊物上找到有力的佐证。"在我国开启西画出版事业的先河,为宣传西画开创了一条新路"[2]的《良友》画报除了多次刊发吴大羽的作品外,还为著名油画家进行重点推介:

"现代中国西洋画选"之五

吴大羽,留法习绘画有年,七年前归国,历掌名艺术学校教职,现任杭州国立艺术专门学校教授。他是对于色彩很有研究的一个,所以他的用色是非常复杂而鲜明的,使人看后兴起清新的感觉。笔触轻快流利,恰和他的绚丽的色彩相协调而表现出画面的和谐。[3]

此前,一同留法一同授教于杭州国立艺专并担任教务长的林文铮也为他写过一篇《色彩派吴大羽氏》的艺术评论,可谓见解精到。林的文章在论及色彩的特殊性的同时提出色彩派画家半属于环境之气候,半属于画家之天才,进而指出吴大羽真可以称为中国色彩派之代表,并且达到使"色彩吟哦"的神妙之境,对吴大羽的艺术评价极高:

据我个人的观察,真可以称为中国色彩派之代表者,当

第七章　长期被埋没的吴大羽

无题　油性蜡笔、纸　14.7 cm×10.2 cm

无题 原子笔、油性蜡笔、纸 19 cm×26.6 cm

第七章　长期被埋没的吴大羽

首推吴大羽氏无疑。我相信凡是看过吴先生的作品的鉴赏家，都要受其色调之强烈的吸引而为之倾倒；就是和他对垒的画家虽不免隐含妒忌，亦不禁私下钦佩不已。[4]

同一年，吴大羽的同事李朴园在《亚波罗》撰写的文章也多次提到吴大羽的艺术特色与成就：

特地见重于以色彩为其感情的表白者是吴大羽先生的绘画，尤以艳丽丰富之感为其独到之点；从技法的运用方面着眼，谁都可以相信他是很接近于印象派的作家。他有时用点，有时用长笔，有时用近乎大斧劈的那笔法，一随他当时的感触而变化，一经变化，则又与全幅的情调完全调和！[5]

吴大羽先生尝用点彩作风景画，幽优离利之情，如滴欲流，而观其《渔船》一作，则魄力之雄，选题之深，章法之大，前后判若两人。[6]

正是源于艺术影响力及其威望，在1936年10月"中国艺术运动社"成立大会的选举中，吴大羽得票最高，甚至超过林风眠，担任"中国艺术运动社"的评议员及绘画专门委员会主任。[7]但早期的艺术辉煌是短暂的，由于种种原因，20世纪40—70年代，特别是作为新中国成立后第一个遭解聘的国立艺专教授，吴大羽一直处在长期屈辱、苦难、苍凉、寂寞中，不为人们所知，渐渐被历史所埋没。直至吴大羽的晚年，也只有《公园的早晨》、《色草》、《滂沱》等寥寥几幅作品为世人所知。这就不难解释为何美术史学家们在论述中国第一代油画家时，从未将其作为重点进行介绍，要么只字未提，要么一言蔽之，即使提到他，也只涉及他早期曾留法并参与艺术运动社。到了20世纪80年代，这种状况略为改观，但对他艺术的了解还只是

243

无题 油性蜡笔、纸 24.4 cm×17.5 cm

局限在美术界的圈内人士,美术界之外的文化人士还是对其知之甚少,甚至一无所知。即使在他所长期生活的上海,也未能幸免,尽管晚年的他被授予"中国美术家协会顾问"、"上海油画雕塑院顾问"等众多荣誉,但《上海文化年鉴(1989年)》在介绍上一年度"逝世人物"时竟只字未提吴大羽。他所处的地方(上海)如此,况乎全国?

二、长期被埋没的原因

1. 社会原因

日本发动大规模侵华战争前,吴大羽经历了其艺术创作的高峰期。其间,他创作了大量作品,并为学界所瞩目。

1937年11月,日本侵略军逼近,国立杭州艺专被迫向西南方向搬迁。在搬迁途中,徒生出诸多的人事矛盾与纠纷,特别是国立杭州艺专与国立北平艺专在湖南沅陵的合并。先是吴大羽被解聘,后来林风眠辞职,再后来国立杭州艺专教师陆续离去。这使得杭州国立艺专师资队伍受到重创,共同致力于现代艺术团体"艺术运动社"也依此消亡。离开国立杭州艺专的吴大羽于1940年7月经香港再度来到上海。此时距抗战胜利还有五年,当时的上海早已是沦陷区,这段时间,身处屈辱压抑的环境,吴大羽是苦闷和压抑的,虽仍然坚持作画,"只是不知道有多少,肯定不会太多。"[8]

如果说,战争打破了吴大羽正常的生活与艺术创作,也打碎了艺术运动社致力于"以绘画友谊为基础,团结艺术界新力量,致力于艺术运动,以促成东方新兴艺术"的梦想,那么,新中国成立以来的文艺政策使吴大羽

无题 油性蜡笔、纸 14.7 cm×10.3 cm

第七章　长期被埋没的吴大羽

彻底失去艺术创作的土壤。

20世纪50年代初期，国内高等院校开始进行一系列的调整与思想改造，文艺界的领导干部在对待艺术风格上，人为地插进了现实主义和反现实主义或现实主义和形式主义的对立，并且将学术纷争上升到了阶级斗争的层面。"与流行的印象不同，故意制造这一类概念混乱的，并不是当时中国的政治家，而是跻身于文化艺术领导圈的中国文艺家。这些文艺家对他们所献身的事业之忠诚和勤奋，在中国文人中确实是少有的，但他们在学术上的偏狭也确实少有其俦。他们把印象派以后的西方现代艺术，定性为资产阶级腐朽没落意识形态的代表。这样，在还没有对杭州艺专艺术家的历史和现实政治表现开始作具体的审查之前，先受到批判的是他们所倡导的艺术——'新派画'。"[9]1949年6月中国人民解放军杭州军事管制委员会派军代表倪贻德，副军代表刘苇、魏猛克、刘汝醴接管杭州艺专，秋季，开始了扫除"新派画"影响的教学活动，"11月11日，杭州国立艺专绘画系召开教学小组会议，绘画系主任庞薰琹指出，奠定写实的基础是教学计划的最主要一点，要贯彻到底。林风眠认为学生学习中的问题应该由'我们提倡新派画的人负责'，'错并不在同学，我们以前走的路不对，所以影响了同学'。庞薰琹说：'本人过去也曾经提倡过新派画，而今天来执行这个新的教学计划，希望借此赎罪，使艺术完全达到为人民服务的目的。'"[10]作为新派画领军人物的吴大羽自然成了被批判与改造的对象。先是削减课程，只给吴大羽排很少的课，到了1950年春季开始，学校便没有给他排课。此外，吴大羽的创作也难以符合此时的艺术评判标准，作品连学校举

无题 油性蜡笔、纸 19.5 cm×18 cm

办的展览都入选不了。最终,杭州国立艺专于1950年9月以"不合学校新教学方针之要求"及"不返校参加教职员学习生活,绝无求取进步之意愿"[11]为由将其开除。

回顾这段不堪回首的历史时,就会发现被历史埋没的人才不知有多少,让人感慨无数英才的陨落,而吴大羽恰恰是首当其冲。对此,水天中先生在《国立艺术院画家集群的历史命运》一文中深刻指出:"无论是对林风眠,对于吴大羽,对于林文铮,或者方干民的不幸,都不能只归罪于极'左'的政治路线。这里存在着一些深刻和严酷的有关人性共同的弱点问题。当然不是指几位艺术家的人性弱点,而是这几位艺术家同时代的人,首先是与他们同时代的美术界的人们的人性弱点问题。只要想想当年的各种运动各种会议,想想当年的报纸和《美术》杂志……我们就应该冷静和严肃反思,人们在自己的活动中,究竟助长了什么和压制了什么。"[12]

恶劣的环境面前,有的被活活整死,有的自我结束生命,有的潜入自我精神家园借此忘却现实的严酷,而有的乘机享受权力带来的快感……吴大羽、林风眠等为数不多的艺术家选择了知识分子一贯有之的人格信念,离群索居,与世隔绝,悄悄地进行他们的艺术生命,其被埋没是再自然不过的事了。

2. 个人因素

这种个人因素包括自身的性格特点与社会因素对其性格造成的影响。性格决定命运,吴大羽具有历代中国知识分子最典型的性格——敏感、正直、率真与孤傲,这种性格,也造成了他在运动来临时的命运往往带着悲剧性色彩。

除了较之他人敏感外,几乎吴大羽的学生、亲友及亲近他的人在谈其真诚与率直的同时,也指出他的孤僻与傲慢。真诚与率真,使吴大羽无法与时代妥协,同流合污;而孤傲,则让人感到不易亲近,进而不为时代所知。如他的侄女吴崇兰在文章《无画的画家——我的小叔吴大羽》中说："大羽叔生性淡泊,又木讷不善交际。为人诚恳,洁身自爱,但亦有其怪脾气。乡人索画,由我父子政转达,无不应命。否则几近六亲不认。"[13]又如他的学生朱德群《忆吴大羽先生》云:"我在校时,吴先生是绘画系主任。上课时的音容态度,至今仍在清晰的记忆中,大黑边的近视眼镜,灰黑叉肩斗篷大衣,瘦小的裤脚,走在教室的地板上发出咚咚的脚步声。吴师是位才华横溢的学者画家,所以举止上给人一种傲慢、目空一切的感觉,这也许是才华过人的自然流露吧!"[14]此外,动荡的时局及历次的政治文化运动对他造成的伤害,使他与外界隔绝。"解放后,所有的知识分子都沉浸在狂欢欣喜之中,唯独少数几个像先生一样却变得更为孤僻和恐惧。政治上的压力、心理上的紧张,加上一些流言蜚语。因此从1949年到1979年的三十年是羽师艰苦的沉默期。一是杭州艺专不发聘书给他,又传出了一顶'形式主义祖师爷'的帽子,对抗'社会主义现实主义革命文艺'的罪名。在这样的压力下的羽师又如何能不沉默呢?知识分子心灵最大的创伤,就是对他的曲解。从此羽师与外界断绝了任何联系。"[15]

更重要的是,吴大羽把艺术当成他个体的事,作为生命的一部分,而并非把它当作扬名立万,进而求取功名的手段,以至于他的画作既不轻易示人,又不署名。[16]朱膺在文章中说:"一次我问道:'为什么你的画上从不署名?'他却反问我:'为什么必须署名!我认为重要的让画自身去表达。见画就是我,签名就成了多余的了。'又说:'画是心灵感应的自然流露,感受的瞬间迸发,自由自在。任何人也无法去再现,连自己也不行。我是画了就算,从不计其命运。'"[17]"吴大羽的创作,总是反复构

第七章　长期被埋没的吴大羽

无题　油性蜡笔、纸　14.8 cm×10.2 cm

思，反复修改，不断锤炼，精益求精。他已完成的作品，除了参加全市和全国美展外，极少在画上签字。我曾问他何故？他总摇摇头，以'不成熟'为由。"[18]如此，我们便不难理解为什么中国美术家协会要为他办展览时被其同样以"不成熟"为由屡屡推辞。

个体与社会之间，他无力于外部环境，只能严格要求自己。但他始终不是一个虚无主义者，"对于生死，我看得很清楚，我要对工作负责任，对死有个交代"。[19]后半生阅尽人事冷暖与荒谬的吴大羽走向了这种大彻悟。他的追求不再是向外的，而只向自己的本心求索。

三、从长期被埋没的吴大羽看新派画在中国的命运

20世纪前期，中国美术界将学习西方现代画派的绘画称作"新派画"，以区别于古典写实绘画。"'新派画'主要指野兽派、立体派、超现实主义等当时的前卫绘画，也包括部分印象派画家、后印象派画家的风格。"[20]吴大羽的个人命运与新派画命运紧紧联系在一起。在吴大羽人生与艺术的鼎盛时期正是人们对新派画的认同与接受的时

第七章　长期被埋没的吴大羽

期,而在吴大羽被解聘、批判与改造的时候正是新派画遭受批判与改造的过程。

从新文化运动前后开始,中国艺术家陆续向国人介绍西方现代艺术流派及其作品。20世纪20年代后期,林风眠、吴大羽等人主持国立艺术院绘画教学及发起"艺术运动社",打下了新派画在中国生长的基础。在他们之后,则有上海、广州等地前卫画家的群体活动。到20世纪30年代初期,"新画派"在西画界已堪与古典写实风格分庭抗礼。此时期西画创作非常活跃,各种画

无题　油性蜡笔、纸　14.7 cm×10.2 cm

无题 油性蜡笔、纸 14 cm×10 cm

风、画派并行不悖。其间虽然也有激烈争论，却是在学术范围内。后来的史学家们据此推测此一时期极有可能与世界艺术发展潮流同步。在当时于美术院校学习绘画的青年人心目中，"新画派"的影响更有超出古典写实绘画之势。因此，作为当年"新画派"领军人物之一的吴大羽在这种学术氛围下自然受到尊重与肯定。但日本的侵华战争，特别是七七事变之后发动的大规模侵略战争，使"新画派"完全趋于停顿。首先，人们正常生活被打乱，画家们被迫流离失所。其次，和平时期自由探讨艺术的氛围被打破，追求纯艺术的理想在国难当头的社会条件下与社会需求不相适宜。不同艺术主张的艺术家大多投入抗日救亡的洪流之中，其中包括现代绘画大潮的弄潮儿，诚如徐悲鸿所言："吾国因抗战而使写实主义抬头。"[21]由于抗日战争，西画探索被迫中断。"20世纪40年代后，在中国共产党陕甘宁边区根据地活动的美术界人士中，曾针对现代派绘画展开辩论。据江丰回忆，辩论是以反对并批判现代派艺术的他们取得完全胜利而结束的。"[22]阶级、民族矛盾的全面爆发使艺术脱离了其发展的正常轨道，艺术所固有的审美性遭受空前的否定与批判。反之，其实用性与功利性得到了高度的肯定与褒扬。应该说，在中华民族面临危亡的时刻，艺术作为政治宣传的工具是必要和有积极意义的，但以此作为艺术的唯一功能，却有悖艺术发展的规律。当时代历史任务与学术自由之间发生矛盾时，人们选择了一边倒的简单方式，这种局面造成日后相当长时期的学术误区。抗日战争结束后，新派画的复苏是短暂的，他们的创作活动只维持到1949年为止。新中国成立后，吴大羽成为第一个遭解聘的国立艺专教授，而此时的新派画已不再仅仅只是流派或风格、技巧等的学术问题，它早已上升到政治斗争的意识形态的层面，被认为是帝国主义文化的代表，"当欧美和日本帝国主义者争着剥削中国人民，输入大量的吸取中国人民血液的消费性物资与奴化麻痹中国人民的帝国主义文化的时候，所谓'新派'作风正作为这个文化的代表之一，发展起来。"[23]从那时起直至20世纪70年代中期，中国的"新画派"实验全部中断。对这段历史的回顾与反思，特别是对待"新派画"的态度方面，尚缺乏严肃的反省精神与足够的认识。"在中国当代艺术史上，还没有另一种艺术流派、艺术风格，像'新派画'那样受到全面彻底的否定。有人说中国人缺乏反省精神，这种说法的适应范围尚待讨论，但在美术界，在关于对待'新派画'的态度方面，确实缺乏严肃的反省精神"，并且"至今还没有人为林风眠、吴大羽这样的画家将艺术创作转入'地下'而感到耻辱"。[24]

以历史的眼光看，活跃在20世纪20—30年代中国画坛的油画家并没有多少人坚持走新派画这条艺术道路，而吴大羽却在这条认定的道路上独持己见、孤独前行，即便是在恶劣、强权、暴力的外部环境下。这在20世纪的中国可以说是无出其右，他为此付出的代价也几乎完全不为人所知，不为舆论所关注。他的作品是在过世之后为人们逐渐发现的，这些作品的价值也随着时间的推移逐渐显现出来。到20世纪末期，中国的美术界才恍然大悟，重新"发现"和认识其艺术和人格的价值。当然，这不仅是对吴大羽的重新发现，也是对新派画意义与价值的重新肯定。

第七章 长期被埋没的吴大羽

无题 油性蜡笔、纸 14 cm×10 cm

注 释

[1] 王扆昌主编：《中国美术年鉴》，上海：上海市文化运动委员会，1948年10月，第22页。

[2] 朱伯雄、陈瑞林编著：《中国西画五十年（1898—1949）》，北京：人民美术出版社，1989年12月，第15页。

[3] 梁得所主编：《良友》1934年第88期，第18页。

[4] 林文铮：《色彩派吴大羽氏》，《亚波罗》1929年第8期。

[5] 李朴园：《我所见之艺术运动社》，《亚波罗》1929年第8期。

[6] 水韧：《何物艺术运动社》，《亚波罗》1929年第8期。

[7] 参见彭飞：《林风眠与中国艺术运动社》，《美术观察》2002年第9期，第56页。

[8] 闵希文：《心灵的彻悟——忆中国油画第一代垦荒者吴大羽》，上海油画雕塑院编：《吴大羽》，上海：上海教育出版社，2003年11月，第33页。

[9][12][24] 水天中：《"国立艺术院"画家集群的历史命运》，赵力、余丁编著：《中国油画文献》，长沙：湖南美术出版社，2002年12月，第1098页，第1099页，第1098页。

[10] 李超：《中国现代油画史》，上海：上海书画出版社，2007年12月，第340页。

[11] 吴大羽档案记录,现存于中国美术学院档案室。

第七章　长期被埋没的吴大羽

[13]吴崇兰：《无画的画家——我的小叔吴大羽》，《中外杂志》1992年第4期，第106页。

[14]朱德群：《忆吴大羽先生》，《上海美术馆之友》2003年第12期，第4页。

[15]闵希文：《非凡的色彩画家 宏伟的创造力——记吴大羽先生》，《美术耕耘》1989年第2期，第119页。

[16]关于吴大羽作品的不署名问题，除了下文朱膺文章的叙述中所涉及的吴大羽对署名的理解外，笔者认为这跟特定的外部环境也有一定的关联。"特别是在'文革'期间，出于对名利思想的忌讳，许多艺术家都不给自己的作品署名，要不然就以集体名义发表。如当时流行甚广的宣传画《人间正道是沧桑——毛主席视察大江南北》就是不署名的例子。"潘耀昌：《复制、印刷和大众传播——木刻和年、连、宣全盛的时代》，《走出巴贝尔·续——艺术之桥》，上海：上海书画出版社，2011年10月，第163页。

[17]朱膺：《飞光嚼彩云——纪念吴大羽师百年诞辰》，《文汇报》2003年12月10日。

[18]沈柔坚：《大智若愚吴大羽》，《文汇报》1997年6月11日。

[19]张祖英、方山整理：《历史是公正的——吴大羽先生学术研讨会纪要》，《油画家》1996年第4期，第2页。

[20][22]水天中：《中国绘画史上的现代艺术实验——在中国油画现代性研讨会上的专题发

言》,《美术研究》2008年第1期,第24页,第25页。

[21]徐悲鸿:《西洋美术对中国美术之影响》,《时事新报》1941年1月1日。

[23]吴作人:《"七七"以来国统区的油画》,《进步日报·艺术周刊》1949年7月18日。

第八章

重新发现吴大羽的价值

被视为"形式主义"代言人的吴大羽,在新中国成立后很长一段时间完全沉寂,以至于后来的美术史学家们在论述第一代油画家时从没有将之列为重点介绍,要么一笔带过,要么语焉不详,错误百出,而所提也仅仅只是其早期留学法国与参与艺术运动社。这种状况只有到了20世纪80年代才开始有了慢慢的变化。

本章以20世纪80年代以来美术界开始介绍其作品为切入点,并涉及其作品在社会上的去向问题,进而指出重新发现吴大羽在当代艺术史中的意义与价值。

一、重新发现吴大羽

1981年《美术》杂志第12期刊发吴大羽作品《滂沱》,但"发表时上下位置颠倒"[1]。1982年《美术》杂志第6期刊发朱膺撰写评论文章《读油画〈滂沱〉》,专文介绍吴大羽其人及其艺术。作为中国美术家协会的机关刊物,在间隔极短的时间内两次介绍吴大羽,标志着中国官方美术机构对其艺术及其探索方向的首肯。同年,中国美术家协会及上海美术家协会已确定在北京、上海两地为吴大羽举办个人画展。"1982年间,华君武同志来沪时,我和他谈起吴大羽的艺术,他很感兴趣,我们一道去探望

第八章　重新发现吴大羽的价值

吴,并与他商量拟在北京、上海两地举办他的个人画展。吴大羽却说:'画不好,没有什么作品。'经我们劝说,他才欣然允诺,说定准备四五十幅作品参展。吴说:'让我在两三年内慢慢画起来,好了就展。'"[2]1983年,作品《谱韵》被美国海夫纳画廊收藏,则标志着外界及艺术市场对其作品的关注。1984年12月油画作品《色草》与同为第一代著名油画家颜文樑的《重泊枫桥》一起获第六届全国美展荣誉奖,并被中国美术馆收藏。特别是吴大羽学生吴冠中的《评选日记》提到其参展作品而引起业内人士的注意。[3]1985年,吴大羽与林风眠、颜文樑、刘海粟等十七人被聘为中国美术家协会顾问,"大会期间,召开中国美术家协会第四届常务理事会第一次会议。会议一致通过,聘请十七位造诣较高、贡献较大、在国内外有较大影响的老一辈美术家为中国美术家协会顾问"[4],可以反映出党和国家在新的历史时期的文艺政策所发生的重大变化。1987年《中国美术报》第30期刊发陈创洛文章《"海夫纳"代表访吴大羽》,围绕艺术最高境界、中国传统绘画的优缺点、艺术创作中的个性、艺术作品的时代性、中国美术前途、中青年艺术家的希望等问题对其进行访谈,是那一年代(包括目前)对吴大羽艺术思想最完整的记录。1988年,沈柔坚《观"中国油画展"》一文提到:"在老一代的中国油画家中,我想特别提到吴大羽先生的艺术,他从现代主义艺术精神吸取精华,并与中国古典的哲学和美学思想化合,他的独创一格的大写意的油画,是时代的音符、中国的血统,并在其所写物象与心象之中都能明显见到吴大羽的'我'。他的写意油画,从其内涵、韵味、色阶、力度等方面看,我以为很可以与西方的一些

无题 画布油画 53 cm×38.6 cm

第八章　重新发现吴大羽的价值

画坛巨匠相媲美；然而，在已往的岁月里，他被误认为是所谓形式主义或邪魔怪道而长久没被理解和欣赏。这次画展展出了他的以中国戏曲舞台景观为意匠的一幅近作《速写》。这幅作品中人物的重叠与肢解有机地形成了一种富有节奏的动势，从而有效地启动了观众对京剧艺术的各种想象。红与蓝等对比色的组合，姿纵苍劲的笔致，生动地传达了他'力、速、变、韵'的艺术主旨。写到这里，我不禁为这位在艺术创作和教育上有过卓越贡献的大艺术家不幸在《中国油画展》闭幕前夕谢世深感痛惜！"[5]沈柔坚时为上海美术家协会主席，这篇文章是至今对吴大羽的最早悼念文章，同时也表明吴大羽的艺术开始受到圈内人士的理解与接受。

随着1978年中共十一届三中全会以来进行的一系列拨乱反正的工作，中国开始迎来文化艺术发展的春天。在艺术摆脱政治附庸地位的同时，人们重新思考艺术的自律性问题。美术也从此一时期开始经1983年、1984年两年的彷徨徘徊期，再跨入"八五"美术新潮的迸发期，发展极为活跃。就油画而言，整个20世纪80年代在上海举办个人画展的油画家就有孔柏基（1980年11月30日人民公园展厅）、关良（1982年5月13日上海美术馆）、颜文樑（1982年7月9日上海美术馆）、刘海粟（1983年4月6日上海美术馆）、沙耆（1984年5月6日上海油画雕塑创作室展厅）、周碧初（1986年12月6日上海美术馆）、俞云阶（1987年11月1日上海美术馆）、哈定（1988年10月1日上海美术馆）等。也正是在这样的文化氛围下，吴大羽的艺术及其为艺术所做的贡献才慢慢被社会主流所介绍与提及。虽然，荣誉来得太迟，但或许可以乐观一点预计，如果吴大羽能多活几年，他的艺术大可以得到更进一步的宣传与理解。但这种对他艺术的了解或许还只是局限在美术界的圈内人士，美术界之外的文化人士对其知之甚少，甚至一无所知。因此，20世纪80年代以来，虽然我们看到了人们对吴大羽艺术的态度发生了可喜变化，但要获得市民的欣赏与学术界的关注还尚需时日。

极富戏剧性的是，吴大羽的第一个个人画展不是在大陆，而是在台湾。1996年1月13日至2月6日，台北大未来画廊举办"吴大羽师生展"并出版吴大羽个人专集，以此拉开了吴大羽重新被发现的序幕。这一年离吴大羽逝世已经八周年了。同年夏，台北大未来画廊与中国油画学会于北京国际艺苑联合举办"吴大羽先生学术研讨会"，标志着对吴大羽艺术价值的肯定与宣传在大陆的回应。同年，《中国油画》刊发包括封面在内的吴大羽油画共计12张，并刊吴冠中的纪念文章《吴大羽——被遗忘、被发现的星》，这是国内在公开学术刊物又重新宣传吴大羽及其艺术。之后，吴冠中又在上海的《文汇报》撰文，以此带动更多的学者对吴大羽先生的纪念。此后，便陆陆续续有了一些文章，吴大羽也自然渐渐被人提及。2003年，为纪念吴大羽100周年诞辰，多家媒体刊物、艺术学院联合举办"吴大羽油画艺术回顾展"，并首次在国内出版其作品集，达到了宣传与传播吴大羽艺术的一个高潮。

单从时间来看，这一系列活动本没有什么问题，但了解详情，不能不引起我们的反思，特别是大陆举办的"吴大羽油画艺术回顾展"的作品几乎是从台湾大未来画廊那儿借来的，这将意味着今后若要研究吴大羽艺术必须远赴海外。当然，我们必须感谢大未来画廊，感谢他们在艺术事业上所做的贡献。正如闵希文先生所言："现在大未来画廊给羽师出画集，在台湾、香港开画廊，把羽师的作品推向大陆外的地

第八章　重新发现吴大羽的价值

无题　画布油画　52.8 cm×38.2 cm

区，让许多人士了解，画廊做了件有意义的事。"[6]虽然我们无法回避他们的商业动机，但是没有他们，或许吴大羽还要被埋没更长时间。

　　艺术家最终要以作品来说话。因此，与其说"重新发现吴大羽"，不如说"重新发现吴大羽的作品"。闵希文在同一篇文章言："大未来画廊寄了羽师晚年五十六幅彩照来，我们只知羽师生前仅存八幅作品在上海油雕院，怎能一下子出现这么多？令人既惊喜又疑

无题 画布油画 54.5 cm×39 cm

惑，我托老同学张功悫去羽师家探问，证实是羽师留下的遗作，外人全然不知。"[7]吴冠中先生也表现出同样的震惊："最近，突然传来惊人的消息，发现吴大羽留下的四五十件油画。"[8]带着这一疑惑，我们向吴大羽家人问个究竟。吴崇力女士谈到，父亲去世时，他们已经退休了，母亲又生病，他们真的是不知道应该怎样来保存这批作品。他们没有继承父业，但他们深深知道这些作品是父亲用生命来完成的。他们曾打算把作品捐给浙江美术学院，让浙江美院代为保存，因为父亲曾经在那里工作过。然而，时任浙江美术学院院长的肖峰同志（曾与吴大羽在油雕院共事）却不要画作，推说没地方陈列。他们也曾打算把画捐给上海油雕院，但这次他们有了一丝顾虑。他们担心他们的父亲视之为生命、视之为宝贝的东西别人未必会认真对待。带着试探的心情他们去询问父亲在世时参加展览而放在单位的作品去向，负责人说没有父亲生前参加展览的作品。面对这种情形，他们还敢把作品送去吗？无奈，家人只好把作品一件不落地包好，自己珍藏着，自然就无人知晓这批作品了。1995年的一个下午，台湾大未来画廊负责人林天民、耿桂英二人费尽周折找到他们在延安中路的住所，天已黑时才摸进吴大羽家人家中，就像笔者在十年后的这次探寻。第一次的见面，谈了很久，两人给吴大羽的家人留下了很好的印象，认为他们对艺术的认识很有水准，也很有心，令人感动。他们决定将父亲的作品全部交给大未来画廊收藏不是没有经过认真考虑和慎重选择的。[9]除了大未来画廊之外，台湾的其他画廊及香港画廊也曾派人来找寻吴大羽的作品，而家人选择了大未来画廊，他们把画几乎是以赠送的方式给了画廊。[10]以后发生的事也证明了他们选择的正确。大未来画廊遵循了诺言，举办了个展又

无题　画布油画　64 cm×45 cm

出了画集。谈话至此,家人的心情是复杂的,他们已经很不容易了,他们做了他们该做的事。相对于许多子女把父辈的作品当作遗产争夺不休,他们无疑是可敬的,他们是父亲作品的忠实捍卫者。

　　这批作品的问世,立刻引起同仁的惊讶与一致认可。或许,我们还忽视了时间所发挥的作用。假若这批未示人之作品摆到20世纪80年代,未必会有这么大的反响与震动。要知道,20世纪80年代还在形式美的问题上争论不休!这也从侧面说明了吴大羽艺术的超前性。

二、中国现代艺术史上的吴大羽

1. 百年油画发展历程与重新发现吴大羽的文化语境

20世纪中国艺术最显著的特征莫过于西画的普及与传播及其所引起的中西艺术的对抗与融合。"中体西用"、"西体中用",抑或"中西合体",其主题都是中西方的文化问题。

清末民初,特别是新文化运动以来,一大批爱国青年本着艺术救国的使命,远涉东洋或西洋,学习西方艺术。"无论他们是基于学院派的立场,还是处于现代派的理念,都是本着振兴中国画坛的良好初衷,只是对于艺术语言与社会现实、思想观念与形式技巧之间,形成了多种新与旧的区分和侧重。"[11]但他们对"引入西画来改造中国画"的强调远远高于"引入中国画来改造西画",且前者取得艺术的成果与理论总结也较后者丰富得多。"中国画究竟如何发展,成为民国初期,特别是'五四'新美术运动中首要提出的问题。"[12]因此,虽然在西洋画引入中国之始便存在着"民族化"或"本土化"的问题,但只有到了20世纪20—30年代,随着大批留学生的归国及美术教育的开展,不少画家驻守于西洋画这块阵地,孜孜以求,为西洋画民族风格的形成进行大胆尝试,这才使得油画的"民族化"或"本土化"的命题真正得以实现,并获得飞速地发展。

20世纪20—30年代,西画创作异常活跃,各种画风画派并行不悖。如,1929年首都南京举办的第一届全国美术作品展,参展作品风格可谓多种多样,"写实主义"、"样式主义"、"近浪漫画派"、"近印象派"、"近后印象派"、"近未来派"皆有[13];学术争鸣也异常激烈,出现"写实主义"与"表现主义"

无题 画布油画 64 cm×45 cm

第八章　重新发现吴大羽的价值

之争。到了20世纪30年代，表现主义等现代美术在中国画坛大有超越古典写实美术之势，以至于后来的美术理论研究学者认为"中国人学油画一开始便热衷'现代派'"。[14]由于抗日战争，打破了中国油画的正常发展道路。"写实主义"与国家危亡、民族命运联系在一起，超越了艺术本身风格语言的范畴，并且随着民族情绪的高涨和艺术必须更多地满足于战争中宣传、普及与唤起民众之需要，"写实主义"风格就成了西画中中西融合的最重要的价值取向。而"表现主义"风格，"这种'融合模式'生不逢时，因为受到抗战时期写实主义大潮的猛烈冲击，难以承受现实赋予油画太沉重的社会功能，却导致被埋没和压抑的处境。"[15]这也使得20世纪40年代的艺术在发展语境上与20世纪30年代存在显著的区别与差异。虽然艺术与现实生活的联系更加密切，但在表现形式及艺术内涵的多样性与丰富性上却不及20世纪20—30年代所取得的成果。抗战胜利后，西画的发展曾出现短暂的复苏，但抗战时期的"写实主义风格"与延安鲁艺时期的文艺政策合流构成中国美术创作的主流，并且随着新中国的成立，逐渐演变为"社会主义现实主义"创作模式。

　　1949年新中国成立后，艺术上的学术问题开始上升到意识形态的问题。美术作为艺术的一个门类，被作为"团结人民、教育人民、打击敌人、消灭敌人"的武器。作为美术种类之一的中国油画只能在社会主义的框架下丰富与发展，为新政府服务，为工农兵服务。到了20世纪60—70年代，逐步走向了"高、大、全"和"红、光、亮"的异端。而带有个人色彩和形式风格的

"表现主义"则被认为是资本主义美术的代表,被视为改造与消灭的对象。此后,这一风格被连根拔起,发展彻底中断,直至"文革"的结束。那些执着于"表现主义"的油画家结局大多极为悲惨。因此,20世纪50年代,虽然"油画"一词已取代"西洋画"或"洋画"等诸多称呼而成为正式通用的学术用语,但此时的政治因素已经压倒了学术性,这也使得油画"民族化"或"本土化"的学术探索大受局限。"油画民族化"的口号在此期间提出,但已被政治化、模式化和庸俗化。"创作庸俗化表现为:(1)从'极端一边倒'滑向'极端民族化';(2)急功近利、大干快上,庸俗化地利用既有成功经验,将董希文在《开国大典》上的艺术尝试简化为人人都可套用的'油画—年画模式',出现大量舍弃光影的单线勾勒加上光艳明亮的颜色平涂的作品;(3)排斥学习和消化外来经验,也不理解和掌握传统绘画的优良表现方法,出现许多简单套用中国画格式而又缺乏油画语言特征的作品。由此看来,所谓'油画民族化'的政治化主要是基于政治现实去生产和制造油画民族化的理论话语与创作方式,客观上达到了迎合政治需要的目的。"[16]"高大全"、"红光亮"原则的提出并推行于美术创作之后,美术创作中的虚假现象日益突出,"千人一面"也就成了当时油画最主要的特点。至此,艺术彻底沦为政治的传声筒。

改革开放以来,文艺政策发生了重大变化。被视为资产阶级文化代表的"表现主义"重新开始萌动。在理论上,则有"形式美"、"抽象美"的问题讨论,在画展上,上海"十二人画展"(1979年2月),北京"新春画展"(1979年2月)、"无名画展"(1979年9月)、"同代人油画展"(1980年7月),云南"申社画展"(1980年)等展览,都把

第八章　重新发现吴大羽的价值

无题　画布油画　52.6 cm×37.7 cm

无题　画布油画　53 cm×38 cm

第八章 重新发现吴大羽的价值

西方早期现代主义的印象主义、野兽主义、立体主义、表现主义等作为借鉴对象，借此反叛被推向极端的革命现实主义。特别是1985年"黄山会议"，被人们喻为油画艺术春天的到来。时代性、民族性、个性被重新提及，并开始了一系列的学术争鸣。1987年油画艺术委员会成立，20世纪90年代中期中国油画学会成立，它们既能形成统一行动，又完全不同于20世纪50—60年代的行政指令，它们使油画艺术的发展有了一个坚实的组织机构，有了一个相互团结协作的学术团体，在充分整合多方面的资源优势的同时，大大加速了油画艺术整体推进的速度。艺术的本质也在时代的发展中展开了争论。概而言之，20世纪80年代是形式、个性之争；20世纪90年代是艺术与市场之争；世纪之交则是全球性与区域文化之争及艺术与非艺术之争。在争论之中，层层推进。跨入新世纪，中国油画学会主席詹建俊先生先是撰文指出"中国油画重心的转移"即"重点由向西方学习为主的阶段转向自我创造的阶段"[17]，后又撰文提出"自觉建构油画艺术的中国学派"[18]；张祖英先生更是提出了"建立中国油画的自我评价体系"[19]。这些都是面对百余年西方文化的冲击在新的历史时期而提出的应对策略。

一开始，中西艺术交往所面临的问题，直到今天仍然是我们所必须面对的，"作者美其名曰糅合中西画派，沟通世界文化，其立意故善也；然中西画派各有其特征；而其特征，有相类者，亦有绝不相类者。苟舍己而从人，则失己之特征；若从己而舍人，则人之特征，亦不可得也。若欲执其两端，而用其中，诚非于两者均有深刻之了解与修养，而融会贯通，不可臻此"。[20]从历史的角度看，以林风眠、吴大羽为代表的中西互补，徐悲鸿为代表的褒西贬中及刘海粟为代表的以中融西。"这三种不同的中西融合方式,正是20世纪中西文化融合最典型的三条道路。或用西方文化改造中土文化,或用传统文化同化现代主义,或用西方文化的观照方式表现中国的文化情感,这些切入点的差异,正揭示了民族审美心理在接受异质文化时所表现出的不同反应。"[21]这三种不同的中西融合方式,在不同的历史阶段也遭受着不同的历史命运,需要我们认真地梳理与反思。同时,如果我们将这三种不同的中西融合道路加以优劣比较的话,显然,林风眠、吴大羽比刘海粟更进步,比起保守的徐悲鸿和颜文樑更是远远地走在前面。[22]

正是在这一语境下,吴大羽的艺术逐渐进入了研究者的视野。"20世纪80年代初抽象油画兴起于上海并持续发展至今,吴大羽作为观念变革与艺术转型时期的关键人物,功不可没。"[23]除对艺术发展产生直接影响外,其间接影响更为深远,正如邵大箴在"吴大羽先生学术研讨会"上所指出:"吴大羽先生的画应该说架构是西方的,但有强烈的个性,有鲜明的东方特色,有中国民族艺术的底蕴,这使他的作品具有含蓄、耐看和很深的内蕴。书写性是吴大羽先生作品的特色之一,但吴大羽先生不同于某种西方现代艺术中的书写性。它是吸收了中国书法和文人水墨画的笔线和笔触,更有内在的表现力。吴大羽先生的作品也不同于西方现代强调表现想象的空间,它着力于心灵和感情的倾诉,是诗的语言,是'情'语。因此,吴大羽先生的画也不同于西方纯理性和纯感情的抽象画,而是理性和感性的统一体,有哲学内涵和强烈的艺术表现力。他的作品放在任何一位西方现代大师作品旁边也毫不逊色,发出中国文化特有的智性,有吴大羽个人悟性和灵性的光辉。这是我们应为之自豪的。"[24]

第八章　重新发现吴大羽的价值

无题　画布油画　45 cm×32.5 cm

中华民族艺术的伟大复兴与中国美术走出国门，并非仅仅依靠人们的满腔热情或少数人的尽力吁呼就能实现的，它需要我们实实在在地做工作，特别是对过往经验与已有成就加以吸收与总结。在中国油画史缺失数十年的吴大羽油画艺术可以给我们更多的思考与启示，他的艺术道路，他的画面语言，他的艺术思想是一笔十分可贵的财富。

2．以吴大羽为例对中国油画史的重新思考

在深入思考中国油画走向时，总绕不过为什么要画油画这个问题，而油画这一画种的引入恰恰是第一代油画家所做出的最大功绩。由此，我们常常不经意间忽略了他们的艺术价值，而更多地强调他们如何远涉海外，如何传道授业，又如何开创中国的艺术教育体系。这种评价，或许对于大部分第一代油画家来说是准确的，但对于吴大羽却不尽然。在中西文化的碰撞下，在新文化运动的启蒙下，吴大羽等一大批青年学子没有固步自封，没有孤芳自赏，没有夜郎自大，而是远赴异质文化之乡，主动吸收西洋文化。功夫不负有心人，几年的留学生涯使他们对西方艺术的本质有了切身的理解与体会。他们回来了，他们带着美好的理想与新的观念回到了祖国，他们不遗余力地宣传新思想，举办画展、组织画会，为艺术而战。而几乎回来的人都对中国传统艺术产生更为浓厚的兴趣，他们并没有学了西洋的玩意儿而把老祖宗的艺术砸了，毁了。这似乎是矛盾的，对于这一矛盾两方面的认识，相信没有人会比他们更深刻。他们的许多作品是最具中国气派的，这种风格在吴大羽画作上体现得最为充分，而今天的我们却还在对此类问题争论不休。从文化结构来看，第一代油画家大多具有深厚的传统文化根基，他们是在系统

第八章　重新发现吴大羽的价值

无题　画布油画　53 cm×39 cm

无题 画布油画 55 cm×39 cm

地学习了中国文化之后才出国留洋的,或说中国的传统文化在他们身上并没有断层,这是他们的最大的优势之一,也可以说他们无处逃避。他们在完成了传统教育之后又走出了国门,直接走向世界艺术中心,直接师从最好的老师,直接参与最前沿的问题。从求学年龄来看,他们大多在20岁上下留洋,此时的他们思维最为活跃,精力也最为旺盛与充沛,他们抓住了一生中最好的学习时光。因此,

第八章　重新发现吴大羽的价值

他们最具对中西艺术的了解与融通，也最具学术思考的国际视野。如，当下我们一直在争论不休的"油画艺术终结论"问题，在他们那一年代就已经应用中西艺术比较与发展的眼光做出思考并指明方向，"西方的绘画有文艺复兴时期的光荣史，我国的绘画也曾有唐宋的黄金时期。西方的绘画衰于18世纪，我国的绘画也衰于明清。西方绘画之衰由于泥守陈式臣服自然，东方绘画之衰也由于专事抄袭不顾自然。现在，双方的绘画不绝如缕，近五十年来西方画坛的急促变态不是适合乎'穷则变，变则通'之理吗？东方青年画家断然采取西方的工具而与自然接近，这又不是寻求新生命的表示吗？东西绘画之衰乱现象是无可否认的，双方因穷而变也是事实，至若因变而是否可达于'通'，那又是一个问题。总之，目前双方尚在急变着，在东西艺术思潮对流之中，竟谓双方皆无生存及复兴之可能，这不是近乎武断吗？现代抒情的工具，文有电影之独霸武有飞机之称雄，这确是可注意的现象，但是，我们亦不能因为有了电影而否认其他艺术之存在，犹之乎有了飞机而仍不能否认海陆军之价值，何况电影之生存历史尚短，安知不有新方式之代起？与其说电影代替了一切艺术，不如说电影分据了戏剧的权威。与其说绘画之死，不如说绘画之衰，之穷，之变，而求于通，于盛？"[25]

与第一代油画家比，第二代油画家的学习是正常教学秩序被战争打破的阶段，这使他们在日后的发展中总是有这样那样的不足。第三代油画家可以说是和平年代下成长的，但他们的艺术取向却由于政治因素的影响而显得狭窄了许多。即使在改革开放年代培养出来的画家，虽然他们可以大量接受各方资讯，大胆尝试与创新，但传统文化在他们身上的断裂无疑是很难缝合的。因此，以吴大羽为例，如何重新评价第一代中国油画家，如何重新书写中国油画史，需要我们认真思考。这也是吴大羽个案研究价值之所在。

除此之外,吴大羽身处逆境而能保全自己的个性之人格魅力,对我们思考人生之意义及个体生命之价值无疑多了一分启迪。综观吴大羽的一生,殊多的矛盾集于一身。新中国的成立,是他人生最大的转折点。当一个崭新的时代出现在所有人的面前时,当人们还沉浸在这美好的幻想时刻,他最早惊醒。这位潜心艺术,尽量避免与人纷争的艺术家却成了新中国第一位被学校开除的国立艺专教授,成了资产阶级形式主义的代言人。尽管如此,他仍可以去迎合这种改造,要知道他在20世纪20年代初就创作了一大批优秀的漫画作品,他仍有机会再用漫画语言为自己重新获得一定的社会地位。但是,他没有,他选择躲在自己狭小的陋室,承受着巨大的心理压力,咳着血继续进行着他的艺术梦想,这种"屡教不改"的艺术态度使他遭受更大的伤害。进入20世纪80年代,政治环境宽松了许多。当上海美协准备为他举办个展时,他却否决了,这在当下似乎不可想象。他的许多作品人们全然不知,包括他最亲密的朋友和学生,而且现存的作品一件也没有签名。数十载的努力,用生命完成的作品,到底是为了什么?这就是活生生的吴大羽。人的一生,从出生到死亡,总是在不自觉中卷入社会的旋涡,受到一种惯性的支配。然吴大羽,却用他的个体之躯同整个社会相抗衡,结局固然悲壮,却不乏精彩。如何看待他的行为与艺术之间的关系?如何来分析他的个性与气质?从一个个案的角度,仅就个体生命在所处时代之命运来研究也不乏是一个值得探讨的问题。虽然,吴大羽的不幸遭遇更多地来自于特殊年代的历史因素。我们庆幸生活在更加宽松、更加安逸的和平年代,我们的聪明才智大可在这一时代中更好地直接展现与表露。但有意思的是,在物质匮乏的年代,人们反而更加自觉地关注精

第八章　重新发现吴大羽的价值

无题　画布油画　45 cm×32.5 cm

无题 画布油画 53.1 cm×38.4 cm

神追求,倒是在物质相对富足时,人们反而强化了物质欲望。这种悖论,在今天的我们的身上体现得最为明显。对吴大羽生平及艺术的反思,也有助于我们加深对艺术与生活的认识。

吴大羽的艺术教育方式也很值得我们借鉴。"他明确指出,绘画教育不能束缚人性,剿灭人的感情。当一个画家不能自由思想,不能创新与发展,就会成为艺术发展的累赘。由于吴大羽的艺术创新主张,可以说他和他的学生在当时的艺术活动中,就几乎是和西方的美术发展同步进行的,如赵无极20世纪40年代末远赴法国后,很快就融入世界性的绘画团体中去,并从中国古代空灵文化中找到了自己的抽象绘画语言,并在国际画坛上独树一帜。"[26]他培养了一大批著名的艺术家,"他的学生如赵无极、朱德群、董希文、王式廓等虽各自走上不同的道路,但都感恩大羽师当年高瞻远瞩,因材施教,循循善诱,启迪了个人不同的画眼"。[27]或许,我们很难把这批人的成就全然归于吴大羽的名下,这当中必然涉及具体的学校风气、学校规范与培养目标,还涉及学生的个性气质及社会成长土壤等诸多因素,但他们的成就无疑与吴大羽的言传身教及引导有着直接的关联,他们在回忆青年时所受的教育时无一例外地讲到他们的老师——吴大羽,在他们的艺术旅程中所起的至关作用。

如果只从艺术教育来看,能培养这么多国际级的艺术大师也足以使其不朽。今天的艺术教育十分红火,办学规模不断扩大,院系之间资源重组,教学模式不断实验……倘若我们能从当年的国立艺术院及吴大羽等先生身上吸收和借鉴经验的话,相信21世纪的中国艺术将是另一番气象。

不仅是吴大羽,开拓中国油画领域的第一代油画家们都已离我们远去了。但他们还在我们的身旁，还在我们的血液中流淌，只要我们用心感悟。因为他们必须面临与应对的许多问题，对我们来说同样也无可避免，广泛一点地说，如个体生存问题；狭窄一点地说，如本土化与世界性问题。而吴大羽是上述问题的一个典型个案。

对于以往历史的回顾，除了一般历史学家所强调的以史为鉴或褒功挞过外，我们更在乎人类所走过的轨迹。当我们费尽周

无题　画布油画　30 cm×24.5 cm

第八章　重新发现吴大羽的价值

无题　画布油画　61 cm×36.5 cm

折把这段长期被埋没、鲜为人知的历史述诸笔端时,我们并无意于"抬高谁"或"贬低谁",我们只是尽可能还原这段历史,我们更愿意看到作为个体的人与他所处时代的命运抗争,而艺术正是他的生命与才华得以展现的方式。无疑,吴大羽属于极具悲情的历史人物。相信没有多少人希望自己的一生过得像他这般充满艰涩与坎坷,但他的这种人格力量对于我们,特别是在困境中徘徊的人却有着深深的感召力。此外,他的艺术作品也是人类艺术史上一笔可贵的精神财富。

今之视昔如后之视今。对历史其实也是对现实,对前人其实也是对自身,我们需要正视,更需要深思与反省。如此,我们才有十足的理由期待未来更加美好。

注释

[1]《美术》杂志编者按,《美术》1982年第6期,第9页。

[2]沈柔坚:《大智若愚吴大羽》,《文汇报》1997年6月11日。

[3]参见吴冠中:《评选日记》,《美术》1984年第11期,第22页。

第八章　重新发现吴大羽的价值

[4]羲文：《全国美协举行第四次会员代表大会》，《美术》1985年第7期，第4页。

[5]沈柔坚：《观"中国油画展"》，《美术》1988年第1期，第16页。

[6][7]闵希文：《博大精深、超凡脱俗——我国第一代油画开拓大师吴大羽》，台湾大未来编：《中国新派绘画宗师：吴大羽》，台北：台湾大未来画廊，1996年6月，第16页。

[8]吴冠中：《吴大羽——被遗忘、被发现的星》，上海油画雕塑院编：《吴大羽》，上海：上海教育出版社，2003年11月，第26页。

[9]根据2004年笔者6月对吴大羽子女的访谈记录整理。

[10]据张祖英介绍，大未来画廊以较低的价格收藏吴大羽的作品。

[11]李超：《中国现代油画史》，上海：上海书画出版社，2007年12月，第11页。

[12]阮荣春、胡光华：《中国近现代美术史》，天津：天津人民美术出版社，2005年6月，第55页。

[13]参见颂尧：《西洋画派系统与美展西画评述》，《妇女》1929年第15卷第7号。

[14]郑工：《中国早期油画发展现象陈述》，赵力、余丁编著：《中国油画文献》，长沙：湖南美术出版社，2002年12月，第569页。

[15]李超：《中国现代油画史》，上海：上海书画出版社，2007年12月，第74页。

[16]潘公凯主撰：《中国现代美术之路》，北京：北

京大学出版社，2012年10月，第401页。

[17]詹建俊：《中国油画的处境与选择》，《美术》2001年第5期，第77页。

[18]詹建俊：《自觉建构油画艺术的中国学派》，《美术》2006年第6期，第30页。

[19]张祖英：《中国油画需要建立自己的评价体系》，《文艺报》2002年8月24日。

[20]山隐：《世界交通后东西方画派互相之影响》，《美术生活》创刊号，1934年4月1日，第6页。

[21]尚辉：《论第一代油画家的文化心理》，《文艺研究》2001年第2期，第139页。

[22]参见苏立文著，陈卫和、钱岗南译：《20世纪中国艺术与艺术家》，上海：上海人民出版社，2013年5月，第103页。

[23]聂危谷：《未能忘却的纪念》，《民族艺术》2008年第2期，第75页。

[24]张祖英、方山整理：《历史是公正的——吴大羽先生学术研讨会纪要》，《油画家》1996年第4期，第6页。

[25]林文铮：《绘画衰亡辩》，《神车》1934年第2卷第6期，第1页。

[26]郭庆祥：《"永不会死去"的绘画大师吴大羽》，《艺术市场》2012年第10期，第58页。

[27]吴冠中：《吴大羽现象》，《文汇报》1996年10月30日。

附　录

附 录 一

吴大羽年表

1903年

11月23日出生于江苏省宜兴县茶局巷(据吴大羽子女回忆,而丁天缺说是宜兴县城的百谷巷,闵希文回忆说是宜兴县的和桥镇)。父亲名吴冠儒,家中兄弟姐妹十人,吴大羽排行老十(而吴大羽侄女吴崇兰说吴大羽家中兄弟姐妹六人,所以称他为六叔或小叔)。

1909年

入私塾学习。只读了一个学期的小学,喜欢画画,并开始接触中国画。

1918年

赴沪向张聿光画师学习。

1920年

进上海申报馆担任美术编辑,用"待"或"吴待"的笔名发表了五六十幅漫画作品(1921年1月至1922年6月),显露出他思维的敏锐与不凡的艺术表现力。

附 录

1922年
搭法国邮轮去巴黎,学习半年法语。

1923年
考入巴黎国立高等美术学院,师从鲁勒教授(Prof. Rouge)学习油画。除巴黎国立高等美术学院外,还自发到博物馆及自由的研究室学习,以毕加索、马蒂斯等现代艺术家的创造精神为榜样,崇尚艺术创新。
转入雕塑家布尔代勒(Bourdelle)工作室学习雕塑。

1924年
春,吴大羽、林风眠、李金发、刘既漂、王代之、曾以鲁、唐隽、林文铮等在巴黎发起组织了"霍普斯学会"(希腊文Phoebus,即阿拉伯文Apollo,次年改名为"海外艺术运动社"),并发表宣言:"艺术是神圣、尊严的;艺术应该独立、自由,不要沦为宗教、政治的奴仆。"抱定为国人创造有生命的艺术作品之信念。
6月,学会与另一美术社团(美术工学社)在法国斯特拉斯堡的莱茵河宫举行第一次"中国美术展览会","巴黎各大报,几无不登载其事"。吴大羽以雕塑作品参展,其余参展者有林风眠、徐悲鸿、刘既漂、方君璧、王代之、曾以鲁、李淑良等。

1927年
秋,与林文铮、王代之一同乘坐火车离法转道列宁格勒(今圣彼得堡)归国。任上海新华艺术专科学校教授。

1928年

元旦,《风景》等作品参加1928年"首都第一届美术展览会"。

3月,杭州国立艺术学院首任西画系主任,教授。

8月,吴大羽先生与寿懿琳女士结婚。岳父寿拜庚为银行界高级职员。

8月,与林风眠、林文铮等组织创办"艺术运动社",是以杭州艺专教师为基础成立的全国性艺术社团,为中国的现代艺术开辟道路。在他们之后,则有上海、广州以及台湾等地前卫画家的群体活动。

秋作《窗前裸妇》,约三米高,二米宽,人体以大色块铺垫,背光的深紫与受光的朱红形成强烈的对照。

1929年

4月,《自画像》参加教育部在上海普育堂举办的"首届全国美术展览会"。

6月长女吴崇力出生。

8月,艺术运动社第一次展览会在上海法比欢联会举行,盛况空前,吴大羽展出作品《春》、《柳》、《倒鼎》、《新新旅馆》、《渔船》等作品。其中《倒鼎》,描述一群中国妇女,挣脱锁链,谋求解放。展后,李朴园评论:"特地见重于以色彩为其感情的表白者是吴大羽先生的绘画,尤以艳丽丰富之感为其独到之点。"

9月上旬,艺术运动社创办第一份研究美学理论与创作教学的学术性刊物《亚波罗》半月刊。林文铮在《亚波罗》刊发艺术评论《色彩派吴大羽氏》,称吴大羽为中国色彩派之代表者,评价极高。

1930年
7月,子寿崇宁出生。
7月8日至17日,作品参加艺术运动社在日本上野公园东京府美术馆举办的"中华民国国立西湖艺展",并以国立艺术院教授身份参与赴日艺术考察。

1931年
春,作品参加艺术运动社在南京举行的第三次展览会。

1932年
作《女孩》。

1933年
作《构图》。

1934年
3月3日至3月9日,《人体》、《沉思》、《风景》、《肖像》、《静物》等7幅作品参加艺术运动社第四次展览会,地点位于上海法租界中法友谊会礼堂。
作大幅作品《汲水》,又名《井》,可看出早期受塞尚(Cezanne)的影响,五米高,四米宽,它不是追求物象的外表描述,只是一种凭借,让棕红色的汲水人的背部和蓝绿色的树丛相照应、衬托,散发出色的魅力。

1935年
作《凯旋图》,又名《岳飞》,与作品《井》的尺寸相当,但略为狭长。大幅构图表现岳飞奉召班师,百姓们拦住岳飞的坐骑祈求留下抗金。从构图到色彩,显然受了德拉克洛瓦《十字军东征君士坦丁堡》之启示:岳飞穿橘黄色袍子,旗帜是朱红色的,道旁身穿白色服的老妇人起了辅助作用,天空微蓝的热调冲破了暖色一统的格局。
作《陆皓东》。

1936年
作大幅作品《孙中山演讲图》,画面色调为淡紫绿色,孙中山先生穿着染有淡紫色的白大褂,他和草地上的人群一起以大片森林为背景,浸沐在一片微冷的色调中。

1937年
作《国土不容侵犯》,又名《血手》。
冬,随校内进。开始与学校同行至浙江诸暨、金华,再到江西贵溪的龙虎山,再往湖南方向搬迁,后离开队伍自行至湖南长沙,后又离开长沙经贵阳到了云南昆明。

1938年
失去艺专教职。

1939年
秋,赴昆明,滕固聘他任教,后因故未成。

附 录

1940年
夏,经香港回上海,住在延安中路百花巷内(现延安中路632弄)。
从1940年至1942年期间,随国立艺专在重庆学习的吴冠中、朱德群等屡次给吴大羽写信,联络校方,希望吴大羽赴重庆任教,因各种原因没有成行。

1945年
"中国现代绘画展览"在重庆展出,吴大羽、林风眠、关良、丁衍庸、李仲生、方干民、汪日章、周多、郁风、倪贻德、庞熏琹、赵无极等人参展。此为抗战时期仅有的一次现代风格画展,提出"现代中国绘画与现代世界艺术合流"的主张。

1947年
经方干民先生之努力,国立杭州艺专又聘他担任油画工作室主任,往返上海、杭州之间。丁天缺担任他的助教。
作《船夫曲》。

1948年
作《回乡》。

1949年
岳父寿梓庚携家去台湾,吴大羽与夫人寿懿琳决定留在大陆。

1950年
9月,遭国立杭州艺专校长刘开渠解聘。居上海,靠变卖家中物品生活。

1952年
与妻子靠女儿吴崇力、儿子寿崇宁担任中学老师的工资收入生活。据吴大羽子女回忆,20世纪50年代,在学生芮光庭的联络下,吴大羽为出版社画了《万能的手》、《石头孩子》等两本连环画,得到了100多元稿费。在上海美术家协会负责人赖少其的帮助下,曾画过两幅油画,得到了200余元稿费。

1955年
作《伏案少女》。

1956年
作《镜中像》、《红花》。

1957年
作《少女头像》。
到同济大学建筑系担任色彩教学半年。

1958年
3月,与上海美术家赖少其、林风眠、关良、陈烟桥、邵克萍等十余人到上海东郊同民生产合作社参加劳动。
作《东风草图》。

1959年
作《菊花》、《花》。其中《花》参加建国十周年上海美术作品展。

1960年
上海美术高等专科学校成立,被聘为教师。但由于教育思想不合时流,短期工作后即回家赋闲。

1962年
作品《红花》参加第三届全国美展(纪念"讲话"发表20周年全国美术展览,展期自5月至7月),为中国美术馆收藏。
作《菜农》(又名《丰收》)。

1963年
作《风景》、《女孩》、《花物》。

1964年
作《向日葵》、《番瓜弄》。

1965年
入上海油画雕塑创作室从事油画创作,结束了15年没有正式工作的局面。

1966年
在"文化大革命"中遭遇不公正待遇和批判,被称为反动学术权威。许多手稿、文献资料、书籍被抄走，其中部分资料在"文革"结束后返还。有500多幅尺幅较大的纸上作品被抄走后，不知去向。

1972年
上海油画雕塑创作室与上海中国画院合并为上海画院。吕蒙为院长，吴大羽、唐云、王个簃为副院长。

1973年
作《公园的早晨》。

1976年
兼任上海船厂职工美术大学教师，与其他艺术家体验劳动与创作的生活，该校两年后停办。

1977年
作《飞鸟》。

1978年
作《滂沱》。

1979年
学生朱德群从法国寄来一批油画颜料。吴大羽晚年的油画作品使用的正是这些油画颜料。
接受中国艺术研究院陶咏白采访。

附 录

1981年
作《芬芳》、《瓶花》。

1982年
作品参加北京北海公园画舫斋的"上海油画展",共展出82位上海油画家作品,以刘海粟、颜文梁、吴大羽、关良、周碧初为首,展期自4月4日至14日,这是第一代油画家劫后余生的第一次艺术展示,引起美术界的关注。
5月16日,在上海的22位老学生在上海文艺会堂集会,庆祝吴大羽80寿辰。
秋,作品参加上海交通大学在上海展览中心举办的"师生美术作品展览"。

1983年
作《婆娑》、《谱韵》、《彩奏》、《春在》、《韵步》、《色奏》。《谱韵》为美国海夫纳画廊典藏;《彩奏》由汪嘉康女士收藏;《春在》、《韵步》、《色奏》由吴崇兰女士收藏。

1984年
《色草》参加12月的第六届全国美展,获美展荣誉奖,为中国美术馆收藏。

1985年
5月任中国美术家协会顾问、中国美术家协会上海分会理事。
学生赵无极、庄华岳前来探望。

作《速写》。

1986年
8月，作品在日本石川县松任市举办的国际文化交流展。

1987年
作品《韵谱》、《静物》参加美国GHK公司与中国美术家协会合办的"中国当代油画展"（Contemporary Oil Paintings from the People's Republic of China），地点于纽约The Harkness House，展期自4月1日至28日。
作品参加中国美术家协会上海分会和大地文化社联合主办的"上海、台湾画家作品联展"，参加者有上海画家24名，台湾画家13名，地点于上海展览中心，展期自12月19日至28日。
6月13日上午，美国海夫纳画廊（Hefner Galleries）代表赖小燕远涉重洋，专程赴上海探望。

1988年
1月1日，因肺源性心脏病，病逝于上海家中。骨灰安放于上海青浦区福寿园。

1995年
11月，作品《花卉》、《静物》、《光与色》等参加上海美术馆举办的"上海油画史回顾展"。

1996年
1月13日至2月6日，台北大未来画廊举办"吴大羽师生展"，并出版《中国新派绘画宗师：吴大羽》个人专集。
8月2日，中国油画学会、台北大未来画廊于北京国际艺苑联合举办"吴大羽先生学术研讨会"。

1997年
5月，参加台北大未来画廊举办的"杭州艺专师生联展"。

2001年
3月9日至4月8日，台北大未来画廊主办的"吴大羽画展"于台北历史博物馆举行，并出版《中国油画开拓大师：吴大羽画展》作品集。
12月，《瓶花》、《花》、《谱韵》参加2001年上海美术馆举办的"上海美术家协会藏画展"。

2003年
11月21日至12月10日，为纪念吴大羽100周年诞辰，由上海市文化广播影视管理局主办，上海油画雕塑院、上海美术馆、台北大未来画廊承办，中国油画学会、中国美术学院、《美术》杂志社、上海美术家协会、上海大学美术学院、上海中国画院协办的"吴大羽油画艺术回顾展"在上海美术馆一楼大厅隆重举行。由上海油画雕塑院编辑的吴大羽作品集在国内首次出版发行。开幕式当天下午，由上海油画雕塑院、《美术》杂志社联合主办的"吴大羽油画艺术研讨会"在上海美术馆举行。

2005年
10月15日至11月6日，台北大未来画廊举办"吴大羽个展"。

2006年
台北大未来画廊艺术有限公司出版《吴大羽》作品集。
作品《花之舞》在香港佳士德春季拍卖会上拍出641.5万元人民币。

2007年
11月17日至12月30日,台北大未来画廊艺术有限公司举办"吴大羽个展"。

2010年
9月,台北大未来画廊艺术有限公司出版《吴大羽纸上作品》(上下两册)。
作品《京韵》在2010年上海天衡秋季拍卖会上拍出638.4万元人民币。

2012年
作品《粉墨春秋》在香港苏富比秋季拍卖会上拍出人民币737.9万元。

2013年
7月,上海市美术家协会编《海派百年代表画家系列作品集·吴大羽》。
作品《射戟辕门》在中国嘉德油画拍卖专场拍出港币667万。

附 录 二

吴大羽致吴冠中、朱德群信件

冠中、德群两友：

  信示艺苑凋零，未忘刍荛；以心、手、目前用之绘艺，遥鞭课于万里，事太重；又以识字无多，若举如锄之笔，如何以罄我胸次所欲言，互以长益。美在天上，有如云朵，落人心目，一经剪裁，著根成艺。艺教之用，比诸培植灌浇。野生草木，不需培养，自能生长。绘教之有法则，自非用以桎梏人性，驱人入壑，聚歼人之感情活动。当其不能展勒肘轴、不能创发新生，即足为历史累。竭我区区，启彼以无限。更须解脱行者羁束，宽放其衣履；行人上道，或取捷径，或就旁通，越涉奔腾，应令无阻。画道万千，如自然万象之杂，如各人心目之异，无待乎同归。业技之成，策以规则，督以仿行，期年可期。培育天分事业，抵于长大，不尽同于造匠。拽蹄倒驰，骈骝且蹈；助长无功，徒槁苗本；明悟缠足裹首之害，不始自我。抑笔感情，诸友已颇能自知。明程以燃，人道在日，耀光引人，谁管关栏！今所能勖止于蓄见。作画作者，品质第一。情绪既萌，画意随至；法遂意生，意须经磨砺中发旺，故作势完成亦即手法之圆熟。课习为予初习以方便，比如学步孩子之凭所扶椅，得助于人者少，出于己者多。故此法此意思，根著于我，由于精神方面之长进，未如生理发育着自然，必须潜行意力。不习或不认真习或不得其道而习者，此俱无可幸致。及既得之，人亦不能夺，一如人之自得其步伐。习作程上，有借助于师友之磨砺，但有时贵能推新，又有借助于古近作之临览，但有时可作为覆鉴。习作、创作，无间鸿沟，可作为一事之两面看，难于截成期段。依此见解从事课习，将不至为课习所误；依此见解从事创作，亦可免于空洞、虚伪、粗浅之局。新旧之际，不存怨讼，唯真与伪为大敌。深浅高卑，自有等次。美丑之两端，时乖千里，时决一绳。素描色绘基习相通，通常先素后绘，以素习法简快易喻；色习法繁绪多端，难于指阐。意义上，素衣而色裸；学习上，素捷而色隔耳。色体之课习，可循接素描途径进行，不置段落。谨慎进色，积时成彩，亦可直将素描经验融入彩色之中。创定础石，即以绘写。目之于线色，一经发之于艺术，即有个意存于其间，虽同而不全同。课室中事，无非将不同中之同，示以共通，比量絜矱，使各就其画眼尺度所见，便于教习而已。若是绘艺之成熟，长足于课习，已群知其非，亦因颇有作家，目不是识丁，昧于自阐其画理，而仍不失其蕴存着不具文之独特理论。据此而论，天才尚矣。我人于外来法则桎梏之中，大可借此自信一点，松散一点。学者从师友之切磋上，古近作之临览上，用错工夫，易犯以下诸失：如粗心妄造，著野成空；如目眩物表，心境枯寂；如长寄前人名下，羞于觌物；

勇于顺受，馁于逆索；如鸟习笼，积久难返，期间人师有责。教育可以发人明慧，可以致人愚昧。聋瞆之前，放啼没音。流血无色；青苗见厄于石底，无间容心。于此，可复一言，远相勉者，为人类文明到底出于人类自造。假如吾人前无文化，亦当努力接近光明，无学校亦当自求升华，追索人类前向之极义，哲人之事，我人不暇，仅能作极自然、极人性之心、手、目活动，冲出生活上之陈滞、腐塞而与世目以鲜洁而已。积压我人肩上为千年之驯训，心目蜷局，由来已久。今诸友非不知长持诤幅，听人驱拓之非是，则已集济济师友于一地，客底愈于孑处孤寂，宜可籍相砥砺，期成巨斧，判划古今，何患乎学无进路。

　　覆勉努力，
诸同学均此。

羽

附 录 三

吴大羽写给教育部马叙伦的信

中央教育部
马部长钧鉴

  杭州国立艺术专科学校前教授吴大羽，为华东区教育部同意国立艺专校长不予本人续聘事，以其理由不合实情之申白。

  自二十余年前艺专创办以来，本人在校之日，勤勉主任绘画系教授工作。重以研究学术之肩荷，每乐见优秀生徒之奋发相随，孜兀忘我，未觉厌怠。一九四九年秋季学期开始，学校缩减课程，本人任课至少。一九五零年春季开始，学校未付本人以课责，故本人为无课务之教员，近因家人卧病沪上，自身又多疾患。学期中途，因此较少到校，然于校定研究工作，本人均勉力参作，未缺其事。例如艺专出展京沪作品，本人曾完成大幅油画于沪寓病室之中。至于在杭校预展中落选，未能使本人作业与京沪人们相见，则深表遗憾。暑假之始，本人因病返沪求医。所患湿热，疗治较艰，离杭之时，曾托在杭同人胡教授代领聘书。后据胡教授函示，校长云校中聘书不作邮寄，必须如所限日，亲往取领，逾期即作不受聘论。如代人领聘，必须负责受聘人履行各项校约，如居住杭州，参加各种活动等，并嘱其转告本人。其时本人身患高热，当即去函胡教授，表示学期中途，举家多病，致碍参加各种活动之衷忱，并嘱其向校长转达是项不得已之歉忱。至应遵守校中各项约则，本人理无自外，并附函嘱其转致校长，请告病假，另附医生证明书件。告以一俟病愈之后，即可返校。校聘暂请准交胡教授代为领取。旋接胡教授覆云，彼虽已向校长保证代领聘后之一切责任，且已书就保证书，而校长忽又推翻前议，终于不允其代领。而在同时，另一留沪同人关教授之聘书，则由校秘书亲自带沪面致者。一面校长拒绝胡教授代本人领聘，而本人此时则接获校秘书处函告（七月二十四日收到），反云校中无人愿负责代领本人之聘书，则尤滋惑。秘书处函中，复限本人于七月底前返校亲领。校方明知本人疾患未除，不能行动，限期之逼，足窘病者。本人只得函覆秘书处，告以本人病尚未愈，仍请校方将聘书能做邮寄。八月三日，乃得秘书处再度函覆，忽又提出必须先接受学校各项约则而后发聘，如居住杭州，参加各种活动及必须持有公立医院证明书以请假等项。除公立医院证明书因卧床无法就院取证外，余亦均早已由胡教授代表本人向刘校长切实保证愿意履行者。本人鉴于向例，附则与聘书每同时作一次投送，受聘人如不能履行各项附则之约束，自能于应聘书上斟酌抑纳。校方对无意延揽之人员，尽可不予聘任，毋须多所周折。况在校秘书处第一求函中，亦并未先行提出此点。又因在校秘书处第二函中，并未指告本人以答复时限,本人亦以莫测校方真意,恐再节外生枝,一时未敢轻于答复。八月下旬,本人以学校开学期近,勉强抱病赴杭,履行刘校长前约,到校访会。其时刘校长去沪未返,待至九月一日,始得与校长晤面,本人当即向其请领聘书。对于先前校秘书处来函所提示种种之约则,亦都面示同意。不意刘校长已先呈报华东区教部不予本人续聘矣。而刘校长在其时,仅见告其所以呈报华东区教部者,为请示解决本人迟复之问题,并未向本人明言系呈请不续聘本人也。商谈之时,刘校长独嘱本人备函,申明下学期愿迁居杭州参与各种活动,彼可据此重行提向华东区教部呈报,本人当即遵其所嘱,亲致备函,为其重作呈报之用,并遵刘校长面嘱,先回上海等候通知。迨至九月二十七日,接刘校长函告,则云学校已奉批不再续聘本人为教员矣。殊不解当日刘校长面嘱备函重呈华东区教部之真意何在,实感惘惑。因在华东区教部批示上,亦未见提起本人之备函也,而查华东区教部批示"同意艺专提出不予本人续聘之意见"之日期,则早已于九月六日即行发出,殊不知为何迟至二十日后,校长方始通知本人。本人深表惊异,本人深觉华东区教部根据国立艺专校长请求不予本人续聘呈报之理由,不合实情,敢呈均部,作此申白。

  肃致
崇致

            十月五日

附 录 四

海夫纳代表访吴大羽

6月13日上午，美国海夫纳画廊（Hefner Galleries）代表赖小燕远涉重洋，专程赴上海探望著名现代油画家吴大羽。受《中国美术报》的委托，张平杰陪同前往。

年已84岁的吴大羽，平日极少会客，这次破例接待，并回答了大家所关心的问题：

一、您认为艺术的最高境界是什么？

艺术、文化，是表达时空的结构（structure）、时空轮回的，大和广。

创造发明才是人生的自由。人生也有起步，前身曰画自由，后身曰画"大悲"，大彻大悟才能获得大自由，而人生的价值在自知。

二、您对中国传统绘画的优点与缺点，有何看法？

基础（传统）、历史由上而下，艺术由下而上。

传统在发展，希望在未来，现在在于我。

三、您如何理解艺术创作中的个性？

艺术创作就是自我批评。艺术带个人感受（sentiment）。

艺术史自己发现自己，表达自己而已。

四、请您谈谈艺术作品的时代性。

艺术作品的时代性四个字可以概括：动、力、势、变。

形的变动、力的变动，达到势的阶段；变动包括时间、空间。势随形象变；事实上形象结构之外，也有势。时间不会停留，艺术也不要停留。

五、请您谈谈对中国美术前途的看法。

中国画和书法确实有陈陈相因的一面，陈陈相因的艺术悲惨得很，可怜得很；现在我们可以从书法中去深化，用政治上的时髦话来说，即"需要一次革命"；以为它（艺术）是生命的。书法活动离不开尊严，更不能损害书法的尊严。书道、画道，同归于道，书道不能概括画道，要相通、并列。

油画可以从孔子的"道德论"中解放出来，油画大有前途；但否定孔子是错误的。总之，油画不应成为"道德教育"的依附。

六、请您谈谈您对中青年艺术家的希望。

我是个"不识字"的人；我已"老朽"，一无所知，抱歉得很。

我健康之后，希望看到他们，希望他们"教育"我。

临别前，吴大羽说："一俟我的眼睛治好，准备再画一些。请转达我个人对海外诸多画家、艺术家的问候。"对海夫纳画廊专事主办展览、收藏东方的中国当代油画，吴大羽表示：它在西方无疑是一桩具有远见的创举。

附 录

附 录 五

吴大羽教授追悼会悼词

今天我们怀着极其沉痛的心情悼念吴大羽先生的不幸逝世。

当盛况空前的"中国油画展"正在上海展出之际，杰出油画家、艺术教育家、中国现代绘画事业的奠基人之一吴大羽教授，于元月一日上午十一时三十分，因患肺源性心脏病，而与世长辞。这是我国艺术界，也是人民的莫大损失！

吴大羽教授于1903年11月23日，生于江苏省宜兴县，少年时曾师事张聿光先生。十七岁即任《申报》美术编辑。1922年赴法深造，就读法国国立巴黎高等美术专科学院，师从鲁热教授（Prof Rrouge）进修油画；继又入当代雕塑大师布尔德尔（Bourdelle）工作室学习雕塑。1927年，学成归国，初执教于上海新华艺专。1928年，在蔡元培先生的倡导下，与林文铮教授协助林风眠先生创立国立艺术院（今浙江美术学院前身），任绘画系主任。其时，吴大羽教授遴选今日著名大雕塑家、工艺美术家及油画家四人为大羽教授助教，从而开创了以研究学术为先之良好基础。

1937年，抗日战争爆发，吴大羽教授携眷西行昆明，未与学校同行而停聘。1945年抗日战争胜利，国立艺专迁回杭州。其时，吴大羽教授虽身体欠和，尤以艺术教育为己任，于1947年受聘为西画系主任。1950年夏遭解聘，遂家居作画。在此期间，上海美协为体现党和政府对高级知识分子政策之精神，曾以经济方式资助吴大羽教授的生活与创作。

1960年，任教上海美术专科学校；1965年，学校停办，遂转入上海油画雕塑研究室。

1966年"文革"开始以后，吴大羽教授曾经被污蔑为反动的新派画祖师爷，在四人帮的暴政下，身心备受摧挫折磨，然吴大羽教授对党和政府对知识分子的伟大政策，深信不疑，自始至终未尝有怨艾之片言只语。

粉碎"四人帮"之后，吴大羽先生出任上海画院副院长、现任上海中国画院顾问、上海油画雕塑院顾问、中国美术家协会顾问、中国美术协会上海分会理事、上海交通大学艺术系艺术顾问。惜年事已高，体弱多病，虽胸怀壮志，愿为我国绘画艺术多做贡献而不可得，终于愿望未及实现而与世长辞！

浙江美术学院在党的十三大的英明方针指导下，鉴于新中国成立初，吴大羽教授在杭州国立艺专时期，由于左的干扰，致使吴大羽教授受到不公正的对待，而多年又未能为吴大羽教授正式落实政策，不胜歉疚！惊悉大羽教授病逝消息，浙江美术学院的代表多人来沪奔丧，诚致哀思，公告平反，以慰大羽教授于九泉之下。

吴大羽教授一生的绘画艺术素养，高远博大。他认为中西绘画，其道唯一，无有彼此，非徒手眼之巧，要在本至善之德，达自我之心悟，融诗、书、乐、艺为一体，然后能变化万千，与时代同步而臻至美之妙境。所以他的画，到晚年已达到"技进于道"的天籁之境，而有生意盎然，于青春之息。

吴大羽教授在艺术教育上，认为艺术乃作家人格之表象，有高尚之德行，然后有不朽之杰作，所以吴大羽教授一生高洁胜梅竹，雅逸逾兰菊，律己严谨，诲人不倦，足为人范式，在生之年，培育了艺术界无数英才，诸如誉满寰宇的名画家赵无极先生等，多出自大羽教授门下。

吴大羽教授早年曾作过许多巨幅油画创作，诸如《岳飞》、《泉》、《果园》、《保卫中华》等，惜多为日寇侵华时所毁。解放后所作巨幅油《回乡》、《丰收》、《东风草图》等，以及大量中小作品，都毁于"文化大革命"期间，现存作品，仅晚年所作《公园的早晨》、《芬芳》、《婆娑》、《滂沱》、《色草》、《谱韵》等油画及部分草图、速写、素描和艺术心得随笔及诗稿等，这都是极其难得的瑰宝，是一笔极其珍贵的艺术财富。

吴大羽先生与我们永别了，吴先生的崇高的人品和杰出的艺术，永远活在我们的心中，并将永发其光辉。

大羽先生的精神不死！

吴大羽先生治丧委员会
1088年1月12日
〔丁天缺拟搞〕由大会主席沈柔坚先生朗读

参考文献

书籍

上海文史馆编：《上海地方史资料》，上海：上海人民出版社，1986年。

上海文化年鉴编辑部编：《上海文化年鉴》，上海：上海人民出版社，1989年。

江苏省宜兴市地方志编撰委员会编：《宜兴县志》，上海：上海美术出版社，1990年。

宋忠元编：《艺术摇篮》，杭州：浙江美术学院出版社，1988年。

吴冠中等：《烽火艺程》，杭州：中国美术学院出版社1998年。

许江主编：《中国美术学院七十年华》，杭州：中国美术学院出版社，1998年。

郑朝编：《西湖论艺——林风眠及其同事艺术文集》，杭州：中国美术学院出版社，1999年。

邱瑞敏主编：《世纪空间——上海美术专科学校校史（1959—1983）》，上海：上海大学出版社，2004年。

上海百年文化史编撰委员会：《上海百年文化史》，上海：上海科技文献出版社，2002年。

施大畏主编：《探索与个性——上海林风眠艺术研究协会论文（作品）》，上海：上海画报出版社，2002年。

参考文献

祖慰：《朱德群传》，上海：文汇出版社，2001年。

赵无极：《赵无极自传》，上海：文汇出版社，2002年。

王慕兰：《往事如歌》，上海：上海画报出版社，2003年。

陈耀王：《泥塑之神手也：张充仁的艺术人生》，上海：上海文艺出版社，2003年。

吴冠中：《我负丹青》，北京：人民文学出版社，2004年。

马长林主编：《租界里的上海》，上海：上海社会科学出版社，2003年。

山东画报编辑部编：《历史上的漫画》，济南：山东画报出版社，2002年。

陈烟桥：《上海美术运动》，上海：大东书局，1951年。

黄可：《上海美术史札记》，上海：上海人民美术出版社，2000年。

毕克官：《中国漫画史话》，天津：百花文艺出版社，2005年。

黄远林、毕克官：《中国漫画史》，北京：文化艺术出版社，2006年。

张少侠、李小山：《中国现代绘画史》，南京：江苏美术出版社，1986年。

陶咏白：《中国油画（1700—1985）》，南京：江苏美术出版社，1988年。

高名潞：《墙：中国当代艺术的历史与边界》，北京：中国人民大学出版社，2006年。

〔英〕苏立文著，陈卫和、钱岗南译：《20世纪中国艺术与艺术家》，上海：上海人民出版社，2013年。

吕澎、易丹：《中国现代艺术史：1979—1989》，长沙：湖南美术出版社，1992年。

吕澎：《20世纪中国艺术史》，北京：北京大学出版社，2007年。

邹跃进编著：《毛泽东时代美术(1942—1976)》，长沙：湖南美术出版社，2005年。

易英：《从英雄颂歌到平凡世界：中国现代美术思潮》，北京：中国人民大学出版社，2004年。

朱伯雄、陈瑞林编著：《中国西画五十年（1898—1949)》，北京：人民美术出版社，1989年。

陈瑞林：《20世纪中国美术教育历史研究》，北京：清华大学出版社，2006年。

中国大百科全书出版社编辑部编：《中国大百科（美术卷）》，北京：中国大百科全书出版社，1990年。

阮荣春、胡光华：《中华民国美术史》，成都：四川美术出版社，1992年。

阮荣春、胡光华：《中华近现代美术史》，天津：天津人民美术出版社，2005年。

李铸晋、万青力：《中国现代绘画史·当代之部》，上海：文汇出版社，2004年。

〔美〕H.H.阿纳森著，邹德侬、巴竹师、刘珽泽译：《西方现代艺术史》，天津：天津人民美术出版社，1994年。

参考文献

李超:《上海油画史》,上海:上海人民美术出版社,1995年。

李超:《中国现代油画史》,上海:上海书画出版社,2007年。

潘公凯主撰:《中国现代美术之路》,北京:北京大学出版社,2012年。

刘新:《中国油画百年图史》,南宁:广西美术出版社,1996年。

王镛主编:《中外美术交流史》,长沙:湖南教育出版社,1998年。

王伯敏:《中国绘画通史》,北京:三联书店,2000年。

余元康主编:《中国油画图典(1868—1999)》,沈阳:辽宁美术出版社,2000年。

郎绍君、水中天编:《二十世纪中国美术文选》(上、下卷),上海:上海书画出版社,2001年。

水天中:《历史,艺术与人》,南宁:广西美术出版社,2001年。

潘耀昌编:《中国近现代美术教育史》,杭州:中国美术学院出版社,2002年。

潘耀昌:《走出巴贝尔·续——艺术之桥》,上海:上海书画出版社,2011年。

潘耀昌:《中国近现代美术史》,上海:上海百家出版社,2004年。

刘淳:《中国油画史》,北京:中国青年出版社,2005

年。

林惺岳：《中国油画百年史》，台湾：艺术家出版社，2002年。

中华人民共和国文化部艺术司、中国油画学会编：《二十世纪中国油画》，北京：北京出版社、北京美术摄影出版社，2001年。

赵力、余丁编著：《中国油画文献》，长沙：湖南美术出版社，2002年。

周昭坎主编：《中国油画全集》，北京：中国文联出版社，2003年。

台湾大未来编：《民初西洋美术的开拓者》，台北：台湾大未来画廊，1996年。

台湾大未来编：《中国新派绘画宗师：吴大羽》，台北：台湾大未来画廊，1996年。

林泊佑主编：《吴大羽画展》，台北：台湾历史博物馆，2001年。

上海油画雕塑院编：《吴大羽》，上海：上海教育出版社，2003年。

上海市美术家协会编：《海派百年代表画家系列作品集 吴大羽》，上海：上海书画出版社，2013年。

林天民、耿桂英编：《吴大羽》，台北：大未来画廊艺术有限公司，2006年。

林天民、耿桂英编：《吴大羽纸上作品》，台北：大未来画廊艺术有限公司，2010年。

主要报刊

《申报》1919年至1928年。
《文汇报》1989年至2004年。
《解放日报》1989年至2004年。
《中国美术报》1985年至1989年。

主要期刊

《亚波罗》，国立艺术院/国立杭州艺术专科学校，1928年10月1日至1936年10月。
《杭州艺术专科学校周刊》，国立杭州艺术专科学校，1929年10月至1932年6月。
《亚丹娜》，国立杭州艺术专科学校亚丹娜社，1931年

3月至10月。

《神车》，杭州艺术运动社，1933年2月至1935年10月。

《东方杂志》第21卷第16号，商务印书馆编辑发行，1924年。

《良友》画报，1928年至1937年。

《北洋画报》，1929年。

《上海艺术月刊》，1942年第5期。

《国立艺术专科学校第二十年校庆特刊》，国立杭州艺术专科学校，1947年3月25日。

《人民美术》，《人民美术》编辑委员会，1950年5月1日至12月25日。

《美术座谈》，杭州中央美术学院华东分院研究部编辑，1950年11月至1953年2月。

《美术》，人民美术出版社，1961年至1966年。

《美术》，中国美术家协会刊物，1976年至2014年。

《上海美术通讯》，上海美术家协会刊物，2002年。

《新美术》，浙江美术学院/中国美术学院出版社，1989年至2014年。

《油画家》，中国油画学会秘书处编，1996年。

《中国油画》，天津人民美术出版社，1987年至2014年。

《美术观察》，中国艺术研究院美术研究所主办，1996年至2014年。

后 记

我是在研究生阶段，即2003年开始正式研究吴大羽艺术。当时国内即便是专业人士也还罕有知其人者。可以说，所有的资料都是我一手慢慢查找出来的，除了每天跑国家图书馆外，我还到上海、杭州等地，跑中国美术学院图书馆及档案室，跑浙江省档案局及杭州档案馆，找寻吴先生在玉泉山的故居，对闵希文、丁天缺、张功慤、朱膺、朱伯雄、陈钧德、邱瑞敏、陶咏白等专家学者及吴先生的学生进行采访记录。为了找寻吴先生的家人，我更是费尽周折，也由此与吴先生家人建立了良好的关系并一直保持联系。正是通过这样的方式，我把吴大羽的研究资料一点点地建立起来。

2005年完成硕士论文时，答辩老师水天中、王镛、闻立鹏等先生对该论文评价极高。如水天中先生的评语中写道"黄文中的论文对吴大羽的生平和绘画创作做了深入和艰难的搜寻、分析，在现有同类研究中是史实材料最丰实、论述最深入的一篇，填补了中国现代绘画史的一段空白。值得肯定的一点是作者充满感情的叙述和分析方式，这成为该论文引人入胜的亮点。"先生们严谨的治学态度，是不会轻易夸奖学生的。

毕业当年，我把论文一一寄给对我研究提供帮助的人，其中包括吴冠中先生。2006年9月，由于各种原因我放弃了攻读中国艺术研究院博士研究生的机会。也正是这一选择，使我整个研究方向从中国早期油画研究转向区域民间美术、并重新提笔画画，直到2012年，我才重拾吴大羽研究这一课题。其间，台湾大未来画廊林天民、耿桂英及北京百雅轩画廊李大钧先生先后找过我，给我提供了不少珍贵资料，我也将还未发表的研究成果无偿提供给他们。如，2015年5月6日在北京举办的"吴大羽文献展"中的部分珍贵史料就出自我之手。

除许多文献资料首次公开面世外，"吴大羽文献展"所提供的信息也与之前的文献资料多有出入。如，吴大羽先生的出生日月，之前较一致说法为"1903年11月23日"，"吴大羽文献展"则认为是"1903年12月5日"；再如，关于吴大羽存世油画作品数量，之前认为110余幅，"吴大羽文献展"则认为是149幅。类似情况还有不少，本想再花费一定时日加以考证，但考虑到书稿一放已逾十年，且与厦门大学出版社已签订出版合同，并已进入排版印刷阶段。好在学术研究永远没有尽头，就带着这一遗憾留待自己日后及后来的研究者加以完善。

本书的出版，除上述提到的诸位学人外，还得到了厦门大学出版社薛鹏志先生的大力支持；我的导师、中国油画学会副主席张祖英先生，长期以来对我的关心并在百忙中为本书作序；好友韩淑惠为本书的编排也倾注了不少的心力。此外，对于我的学习与工作有过帮助的人还有很多、很多，无法一一提及，在此一并表示衷心的感谢！

黄文中
2015年5月于闽南泉州

图书在版编目(CIP)数据

吴大羽研究/黄文中著.—厦门:厦门大学出版社,2015.9
ISBN 978-7-5615-5730-3

Ⅰ.①吴… Ⅱ.①黄… Ⅲ.①吴大羽(1903～1988)-人物研究 Ⅳ.①K825.72

中国版本图书馆 CIP 数据核字(2015)第 217606 号

官方合作网络销售商:

厦门大学出版社出版发行

(地址:厦门市软件园二期望海路 39 号　邮编:361008)
总 编 办 电 话:0592-2182177　传真:0592-2181406
营销中心电话:0592-2184458　传真:0592-2181365
网址:http://www.xmupress.com
邮箱:xmup@xmupress.com
厦门市明亮彩印有限公司印刷
2015 年 9 月第 1 版　2015 年 9 月第 1 次印刷
开本:787×1092　1/16　印张:21.25　插页:2
字数:350 千字　印数:1～2 000 册
书号:ISBN 978-7-5615-5730-3/J·185
定价:72.00 元
本书如有印装质量问题请直接寄承印厂调换